心にとって時間とは何か

青山拓央

講談社現代新書
2555

はじめに

心にとって時間とは何か

何が分からないかが分かる――、これは素晴らしい技能と言える。ある学問分野において何が分かっていないのかを正確に説明できるのは、その分野を相当に理解している人だけだ。

本書では、「心にとって時間とは何か」がどれだけ未知であるのかを探る。私の専門は哲学だが、哲学だけでなく科学についても、さまざまな知見を参照していこう。だれにも分かっていないことを謎としてうまく描き出すには、それがどのような知識によって囲まれているかを示さなくてはならない。私たちの知識の地図に、未踏の地の「輪郭」を描き込んでいくわけだ。

あとで改めて言い添えるが、私はこの目的のために、章ごとに違うサブテーマを定めた。〈知覚〉、〈自由〉、〈記憶〉、〈自殺〉、〈ＳＦ〉、〈責任〉、〈因果〉、〈不死〉という、各章の章題がそれにあたる。つまり、少なくとも八つの謎が本書には描き出されており、それらの不思議さや面白さ、そして、一つの謎から別の謎への道が見えてくる高揚感とが、私なりの言葉で綴られている。

本書で扱われる謎を、いくつか紹介してみよう。

私が自由なタイミングで自分の手を動かしたとき、私はいつ、手を動かすことを決めたのか？　神経科学者リベットのある有名な実験によれば――少なくともリベットの解釈では――意識的にそれを決めるよりも前に脳内で活動が始まっていたとされるが、この実験をどう理解すべきかは、それ自体が大きな謎である。

この実験は多くのメディアで、ヒトの自由（意志）を否定するものとして紹介されており、そうした大まかなかたちでのみ、この実験を知っていた方もいるだろう。しかし、この実験で時間の計測はどのように行なわれていたのか、そして、そこにはどのような解釈上の問題があるのかを知らない人は、この実験のことを本当には知らない。本書の**第二章〈自由〉**を読めば、この実験についておいそれと、それが自由を否定するものだと（あるいは自由と無関係なものだとも）断言したりはしなくなるだろう。

ところで、もちろんこのことは、ヒトの行為と脳活動との密接な結びつきを否定するものではない。リベットの実験の解釈はさておき、他のさまざまな事例を通じて、「行為は脳の産物である」という見方は日に日に説得力を増している。では、いかなる行為でも脳がそれをひき起こしているなら、行為者その人に責任を負わせて非難することにはどんな意味があるのか。とりわけ、未来のその人に、過去の行為に関しての刑罰を科すことには？　**第六章〈責任〉**では、順を追って、この謎に輪郭を与えていく。

記憶をめぐる謎

心と時間に関しては、記憶をめぐる謎もある。ヒトは、いつ、どこで、自分がなにをしたかを記憶することができ、こうした記憶は他の記憶（たとえば文字の読み方の記憶）と対比して「エピソード記憶」と呼ばれるが、いまのところ、それを明らかに所有できる動物はヒトだけであると考えられている。しかし、それは本当なのか。もし、本当だとすれば、それはいったいなぜなのか。

多くの実験を通じ、鳥類のカケスや類人猿のボノボなども、いつ、どこ、なにに関連した「エピソード様記憶」と呼ばれるものを所有できることが示唆されてきたが、他方で、彼らがエピソード記憶を所有することはできないのだとしたら、エピソード様記憶とエピソード記憶とのあいだには重要な差異があるはずだ。そして、その差異の内容は、心にとって時間とは何かをわずかではあれ説明するだろう。本書ではこの差異について、**第七章〈因果〉**の後半で論じている。

記憶と過去との繋がりに関する、より抽象的で哲学的な議論は、**第三章〈記憶〉**を見て頂きたい。思い出されたある場面が本当に過去の場面であること、つまり、思い出された場面とそれを思い出している「今」とがいわば「時続《じつづ》き」であることを、私たちはどのようにして知るのか。哲学者のラッセルは、この世界が五分前に突然出来上がったのだとしても――記憶や痕跡と見なされるものもすべて五分前に出来たとする――そのことはけっして気づかれないだろうと述べた。これが本当だとすると、なぜ、私たちは日常生活のなかで、記憶と過去そのものとの繋がりを疑い続けてはいないのか。

「今」とは何か

さて、このほかにも多くの謎が本書では扱われているが、とくに重要な位置を占めるのは「時間の流れを感じる」ことの謎だ。**第一章〈知覚〉**を皮切りに、複数の章で断続的に、本書はこの謎を描いている。

私たちは、時間が一方向に流れているように感じ、「今」の世界は刻一刻と新たな「今」の世界に変化していく、という常識をもっている。だが、この常識を支えている、移り行く「今」とは何なのかについて、確固たる学説は存在しない。文系／理系といった区分に関係なく、そもそも移り行く「今」が存在するのか否かについてさえ、定説はまだないと言ってよい。

哲学者たちは古くから、移り行く「今」の謎にこだわってきたが、「それは彼らが哲学者だからで、科学者にとってそこに謎はない」と考えるのは、職種による誤った一般化である。たとえば、ディーン・ブオノマーノ著『脳と時間』(＊1)では、時間の神経科学と心理学、および時間の物理学を解説するにあたり、移り行く「今」の存否に関連する二つの哲学説の対立――「現在主義」と「永遠主義（永久主義）」と呼ばれるものの対立――をまず説明し、その後の章での科学解説においても、適宜、この対立に触れている。（ブオノマーノ氏は神経科学者であるが、『脳と時間』の第九章にあるように、たとえば物理学者のなかにもこの対立を直視する人々がいる。）

「今」の謎について考えることは、他の謎をいくつも喚起するが、死をめぐる謎もその一つだ。最終章である**第八章〈不死〉**では、この謎に目を向けている。移り行く「今」がもし客観的に在るなら、私が死んだ後もなお「今」は移り行くだろう。しかし、それはどのような意味で？　私はどのような時間のもとで、死者であり続けていくのだろう？

他方、移り行く「今」がもし客観的にないなら、私が生きているか否かは客観的に定まっていない。二〇一九年から見れば私は生きており、一〇一九年から見れば生まれておらず、三〇一九年から見れば死んでいるだろうが、客観的にはそのいずれでもない。このとき、死というものは、常識からずいぶんと離れた意味をもってくる。ひとによっては、この事態を「死は幻想である」と表現するかもしれない。アインシュタインがある手紙のなかで、それに近いことを書いたように[*2]。

少しあとで述べる意味で本書は「哲学の本」であるが、提示された複数の謎に読者がどれだけ惹かれるかは、一般論では語れない。読者が仮に哲学者であっても、どの謎にも惹かれないかもしれないし、読者が仮に科学者であっても、ある謎に強く惹かれるかもしれない。そして、筆者としては、どの謎にも惹かれない方を無理やり惹きつけることはできず、謎を共有してくれた方に向けて、その詳細を語れるだけである。

ただし、このことをふまえてなら、次のように述べてもよいだろう。もし、一つでも強烈に惹かれる謎があったなら、本書はその読者にとって特別な本になるだろう、と。私にとって、過去、数冊の本がそのような本になったように。

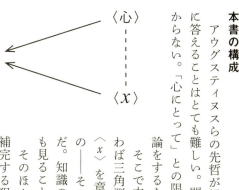

本書の構成

アウグスティヌスらの先哲が繰り返し述べてきたように、「時間とは何か」という問いに答えることはとても難しい。問いがまだ漠然としていて、どこから手を付けるべきか分からない。「心にとって」との限定を加えれば少しだけましな印象になるが、実のある議論をするためには、さらなる限定が必要だろう。

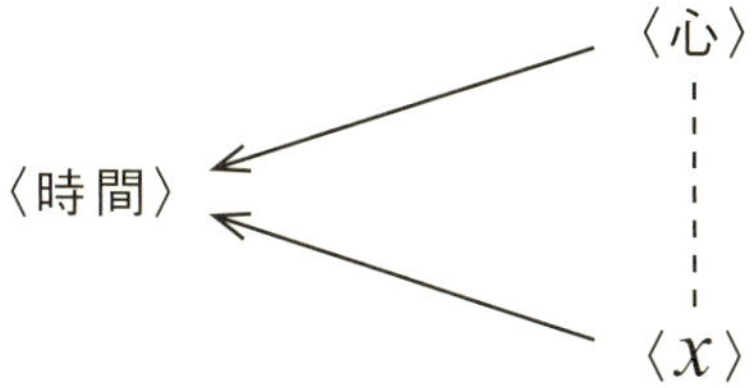

そこで本書では、章ごとに異なった「第三のもの」を設定し、いわば三角測量を試みる。つまり、〈心〉と、もう一つ何らかのもの〈x〉を章ごとに定め——冒頭で述べた「サブテーマ」にあたるもの——その各々から〈時間〉がどう見えるかを確かめていくわけだ。知識の地図を描くとき、ある角度から見たものを別の角度からも見ることとは、その正確な描写に欠かせない。

そのほか、こうした「測量」には、「心」という表現の曖昧さを補完する狙いもある。「心にとって」と言われても、それはどのような心にとってなのか。〈知覚〉や〈自由〉などを第三のものとすることで、それと協力して三角測量をする〈心〉も、その意味合いがある程度絞られてくる。そして、ときには、第三のものと〈時間〉の側から、〈心〉に関する謎の位置が測量されることもある。

　第三のものの品揃えと、主要な謎を眺めるため、簡単な見取り図を載せておこう（左頁）。本書を前半／後半に分けて、それぞれの章題を書き出したものだ（山括弧のなかに記したのが、各章における「第三のもの」である）。複数のテーマを扱いつつも、それらがバラバラにあるのではなく、有機的に繋がるように心掛けた。

　これらの章のうち、心と時間をめぐる議論の本線は、もっぱら奇数章が担っている。そこでは、時間の認識論と存在論とが扱われており、心はどのように時間を認識し、また、時間はどのようなものとして在るのかが、各テーマのもとで論じられている。

　それに対して偶数章では、奇数章での知見をふまえつつ、人間生活における心と時間がテーマごとに分析されている。たとえば**第四章〈自殺〉**では、たんに自殺に反対だとか賛成だとかいった話ではなく、〈自殺〉とはいかなる行為であり、それが私たちの時間概念にどう関わるかという話がなされている。それぞれ異なる色合いをもった奇数章／偶数章を交互に読むことで――村上春樹氏のある小説のように――心と時間との関係を立体的に捉えて頂きたい。

　また、本書を前半／後半に分けた、左の見取り図についてだが、後半各章はその上方に記した前半各章を意識して書かれている。たとえば**第五章〈ＳＦ〉**でのタイムトラベルに

前半	第一章〈知覚〉	時間の流れは錯覚か
	第二章〈自由〉	私はいつ決めたのか
	第三章〈記憶〉	過去のデッサンを描くには
	第四章〈自殺〉	死ぬ権利は、権利なのか
後半	第五章〈SF〉	タイムトラベルは不可能か
	第六章〈責任〉	それは、だれかのせいなのか
	第七章〈因果〉	過去をどこかに繋ぐには
	第八章〈不死〉	死はいつまで続くのか

関する議論は、**第一章〈知覚〉**での移り行く「今」に関する議論を洗い直す役割をもっている。〈自由〉と〈責任〉、〈記憶〉と〈因果〉、〈自殺〉と〈不死〉という各々のペアについては、章題を見ただけである程度、その繋がりが感じ取れるだろう。このようなわけで、本書には、横方向の繋がりと縦方向の繋がりとが共存している。

冒険の記録

さて、本書は先述の通り、哲学と科学のさまざまな知見を参考にして書かれているが、筆者が学び、そして本書で紹介することのできた知見は、本当に限られた範囲のものだ（とくに科学に関してはそうである）。そのため、本書に対しては、「心と時間とを論じていながら、なぜあの観点からの議論がないのか」といった批判を始めればきりがない。

だが、この点に関しては二つのことを述べておこう。第一に、本書の目的は、小事典風に広く浅く事柄を列挙することにではなく、一定の狭さと深さをもって謎を描き出すことにある。それゆえ、何らかの学問分野の入門書であることも本書は目指していない。描きたい謎を描くのに私が必要と見なした知見を、分野の壁にこだわらず、その都度、自由に借り受けているにすぎない。

そして第二に、本書はその全体として、まずは「哲学の本」と言える。たとえば、デカルトやヒュームの本が哲学の本であるのと同じ意味で。使える知見を自由に使って彼らが謎を描くとき、そこには、たどたどしく表現された、個人的な問題関心がある。しかも、その問題関心は、今日の眼から見てもなお――哲学という雑多な括《くく》りを除けば――どの学問分野にもうまく収まりきらない。それゆえ、彼らは知性だけでなく勘も働かせて彷徨《ほうこう》し、未踏の地の輪郭を自分なりに素描したが、これは哲学という活動の重要な在り方の一つだろう。本書は小さな本であるが、こうした活動の産物であることは間違いない。

いま述べた、限定的な意味での「哲学の本」は一種の冒険の記録である。だから、謎を共有した読者は愉しく読むことができるはずだが、さらに、その価値について次のことを記しておこう。そうした「哲学の本」での素描は、あとの時代から見直してみると、しばしば不十分なものである。しかし、そのことが分かったのは、そうした本が旗の役割を担って未踏の地の存在を知らしめ、新たな探索者たちを呼び寄せたからだ――。本書にこの旗としての力がどれだけあるのかは心もとないが、それでも、私のさまよった場所に何かがあることには確信をもっている。本書が多くの方に読まれ、そこから新たな探索者が現れることを期待したい。

注

（＊1）ディーン・ブオノマーノ『脳と時間——神経科学と物理学で解き明かす〔時間〕の謎』、村上郁也訳、森北出版、二〇一八年。

（＊2）アインシュタインが親友ベッソの遺族に送った、一九五五年の手紙にて。

目次

第一章　〈知覚〉：時間の流れは錯覚か

第1節　ここまで生きてきた、というのは冗談

時間のしおり

少し恥ずかしいのだが、あまり共感を得られないであろう自分の癖の一つを書いてみる。日常生活のなかでふと、周囲に聞こえないくらいの声で「今」とつぶやく癖を私はもっている。正確な頻度は分からないが、少なくとも一日に一度はこれをやっているはずだ。

これはあくまで癖なので、明確な意図は伴っていない。しかし、「今」とつぶやくとき、私の心がどんなふうであるかを述べることには価値があるだろう。というのも、心と時間との関係を考えるうえで、この癖にまつわる心理を見ることは、あとあと意味をもってくるからだ。

思わず「今」とつぶやくとき、大まかに言って私の心は二つの作業をやっている。第一の、より説明しやすい作業は、「今」に注意を引き戻すというもの。いま目の前の状況こそがまさしく「今」の現実であると自覚し、過去や未来への雑念、あるいはその他の空想から現実に心を向け変えるうえで、「今」というつぶやきは引き金《トリガー》になっている。

ある科学論文によれば――あくまで限定的な調査結果ではあるが――人々は生活の半分近い時間を、目の前の現実と関わりのない思考に費やしているとされる。（＊1）こうした心のさまよいは「マインド・ワンダリング」と呼ばれており、近年では多様な角度から研究が進められている。先記の作業は、マインド・ワンダリングから自分を呼び覚ますものと言えるだろう。

第二の作業は少し説明が難しい。その作業において、私はいわば、自分の人生に時間的なしおりを挟んでいる。ここまで読んだというしるしで本にしおりを挟むように、ここまで生きたというしるしで人生にしおりを挟むわけだ。そんなことがわざわざ必要なのは、人生全体をどこまで生きたかが何となくボンヤリしているからだが、このボンヤリ感はマインド・ワンダリングにおけるそれと、だいぶ質が異なっている。

マインド・ワンダリングにおいては、この「今」という自分の時間的な足場はきちんと確保されていると言ってよい。ただ、その足場をしっかりと見ずに、あちこちを散漫に眺めているわけだ。だから、注意を「今」に戻すとき、戻すべきところがどこなのかは、けっしてボンヤリとしていない。

これに対し、「今」というしおりを挟むことには、どこが足場であるのかを明確にする意味がある。たしかにここまで生きたのであり、だから、ここが「今」なのだと、自分に教え直す意味が。認知症の祖母と暮らした経験から言えば、自分がいつの時期の自分か分からなくなっている認知症患者は、人生という本の間違ったページを眼前に開いてしまっており、その誤りを正すためのしおりも所有していない状態に見える。

私は現在、認知症でなく、自分がいつの時期の自分か分からなくなることもないが、おそらくは、いま開いているページの開かれ方が若干弱い。だから、ときどき、このページを開いているものの「本当に今はこのページだったか？」と疑念をもつ——そしておりを挟む——ことになる。とはいえ、私はそのことであまり辛い気持ちにはならない。むしろ私的にはこの疑念は「ドッキリ」番組のような明るさをもっており、急にやって来たテレビタレントに「あなたがここまで生きてきた、というのは冗談でした」と言われて「なんだ」と笑うような心象を伴っている。

ところで、認知症の事例についてひとこと。自分がいつの自分であるか分からなくなっている人物は、通常、自分を過去の自分と取り違えており、たとえば、すでに老人なのに自分は未成年だと思ったりする。これは、未来の自分の記憶というものがない以上、とても自然なことだろう。ただ、私が祖母の言動でもっとも印象に残っているのは、彼女自身を弔う火葬場に行くので皆も早く支度をしろと、私たちを叱ったことである。

そのとき祖母は過去ではなく未来のページを開いており、しかも自分の臨終より先のページを開いていたのだが、しかし、この間違いを除けば、家族を叱るその内容はそれなりに整然としたものだった。祖母はこの叱責を数年のうちに幾度も行なったので、彼女なりのストーリー（一貫性）がそこにはあったように思う。

「速い」と「早い」

「今」というしおりを人生に挟むとき、私は、どの時点が「今」かを意識しているだけでなく、どの諸時点を「今」が通過してきたかも意識している。「ここまで生きてきた、というのは冗談」との心象をもつとき、その冗談性（虚構性）の重要な部分を、この「通過」への意識が担っている。

　私は昔、小学生であり、中学生であり、高校生であった。三年の空白期間を経て、大学に入り、大学院に進み、結婚をし、就職をした。数年前までは山口大学の時間学研究所という機関に勤めており、その後は京都大学の人間・環境学研究科に勤めている。

　こんなふうに私が生きてくるあいだ、「今」もまた、それらの日々を通過してきたはずだ。いや、むしろ、「今」が通過することによって私は、その各々の日を「今」として生きることができたように思われる。しかし、こう記しながら、私は次のように問わざるをえない。通過した、その「今」って何だ、と。先記の日々を「今」が通過したとは、いったい、何がどうしたということなのか。

読者を置き去りにしないよう、いくつか個別の話題を経ながら、少しずつこの問いに近づいていこう。多くの人が、加齢とともに時間の過ぎるのがはやくなったと言う。二十代の十年に比べて、三十代の十年はあっという間。四十代の十年はさらにはやい――。こんなふうに述べるとき、人々は時間の過ぎていく速度を感じているかのようだ。

だが、そこで人々が感じているのは、速度というより短さである。つまり、二十代の十年より三十代の十年のほうが短く感じられる、といったことを、後者の「はやさ」として表しているわけだ。こうした短さの感覚は複数の要因をもつだろうが、そのなかでも、当該の期間に生じた出来事の質・量はとくに興味深い要因である。（心理学の知見では、たとえば、印象的な出来事が少なかった期間ほど、あとで振り返ったときに短く感じられる傾向がある。多くの解説文献があるが、〈はじめに〉で挙げた『脳と時間』の第四章をまずはお勧めしたい。）

ここで一つ問題を出そう。「時間の過ぎるのがはやい」という文の「はやい」は漢字でどう書くだろうか。「速い」だろうか、それとも、「早い」だろうか。

出版物での用法を見ると、大抵は「早い」が使われている。慣用に従うという点では、こちらが優勢と言えるだろう。しかし「速い」も見ないわけではなく、漢字の意味を考えると、どちらが正しいのか分からなくなってくる。

　何らかの運動や変化がすばやく起こるとき、すなわち速度が大きいとき、私たちはそれを「速い」と表記する。他方、基準となる時間より前であるとか、ある期間の最初のほうであることは、「早い」と表記される。それぞれ例を挙げるなら、「彼は走るのが速い」、「彼女は起きるのが早い」といったように。

　「時間の過ぎるのがはやい」と言うとき、素朴に考えるなら、そのはやさは、「速い」と書くべき何かであるはずだ。時間の流れという比喩を使うなら、その流れこそが速いわけである。しかし、河の流れの速さを見るように、時間の流れの速さを見ることはできない。そもそも速さの認識とは、ある特定の時間における運動や変化の量（たとえば一定の時間に流れる水の量）の認識なのであり、時間に関してそうした速さを認識するというのは奇妙である。

　特定の時間における「時間の変化の量」とは、まさにその特定の時間にほかならない。一分間における時間変化の量は一分間、一時間における時間変化の量は一時間……、ここには「速い」も「遅い」もありえず、いったい何を使って何を計っているのかも明確ではない（一メートルにおける空間変化の量が一メートル、と言うのが意味不明であるのと同様）。

時間の過ぎるのが「早い」、という表記が優勢であるのは、河の流れの速さのように時間のそれを感じることはできず、ある出来事が思ったより早く生じたとの思いを経てのみ、過ぎた時間の短さを感じるからだろう。たとえば、四十歳の誕生日がとても早くやって来た——まだまだ先の気がしていたのに——というときなどのように。

無意味な「二倍」

時間が流れていく速度を見ることはできない、と私は述べた。しかし、いま目の前にある世界は変化し続けているように見えるし、その変化には一種の速度があるように思われる。もし、あなたの目にしている草木がすごい勢いで背を伸ばし、あなたが瞬きをするほどのあいだに太陽が空を横切って日の出と日の入りを繰り返すようになったらどうか。草木や太陽だけでなく、周囲のあらゆる対象がこんなふうに早回しで変化するようになったら——。時間が高速で流れるのを見るとは、こうした経験ではないだろうか。

そうではない。いま記したような経験は、あなたの心身の変化速度とその他の事物の変化速度の比率が大きく食い違ったときに生じるのであり、時間そのものの流れの速度とは関係ない。

もし仮に時間が二倍の速度で流れ出し、あらゆる事物の変化が倍速になっても、だれもそれに気づかないだろう。私の心身の変化に対し、他のすべての事物の変化が倍速になることは理解可能だが（このとき私は倍速になった外界の変化を見る）、私の心身を含めた万物の変化が倍速になるとは、結局、何も起こっていないのと同じではないか。むしろ、この想定に対しては、「なぜ二倍になったと言えるのか」と問い返すのが適切である。その「二倍」という表現は、明確な意味をもはや失っているからだ。

二倍ではなく十倍でも百倍でも、いま述べたことはもちろん変わらない。「時間が幾倍かの速さで流れる」ということは、意味そのものがまず不明瞭であるし、たとえ、それが実現したとしても、その効果は認識不可能だろう。とはいえ、このことをふまえると、次の疑問が生じてくる。時間が普通に流れること、すなわち、「今」が一倍の速度で時間軸上を移り行くこともまた、認識の内容に無関係ではないのか。だとしたら、私たちが普段、「動き」として認識しているものは何なのか――。次節では、この疑問へと焦点を移していくことにしよう。

（本節を終える前にひとこと。たまに誤解されるのだが、時間の流れの客観性への疑いは、「秒」や「分」といった時間単位が人間たちに取り決められたものであること――その意味で恣意的なものであること――とは関係ない。「一秒」の長さをどう定義しようと、あらゆる事物の変化速度の比率は一定のままであり、自然法則の客観性は脅かされないし、また、時間の流れの「はやさ」についての本節の議論も影響を受けない。）

第2節　バーバーポール説

「今」なしの世界

時間が流れていることを、私たちは認識できないかもしれない——。こうした常識外れのことを言うと、私の専門を知る人はときに、「哲学者はそう考えるのですね」と応じる。普段、この種の応答に取り立てて異議を唱えることはないが、この場を借りて少し真面目に書くと、こうした応答にはいくつか誤解がある。

第一に、哲学者が皆一致して「そう考える」ような意見はまず存在しない。時間の流れの問題に限らず、どんな問題に目を向けても、哲学史上には必ずと言ってよいほど未決着の意見の対立がある。だから、ある哲学者の意見は、あくまでもその人物の意見（あるいは、その人物が支持したある先哲の意見）なのであり、哲学者一般の意見ではない。

第二に、時間の流れについて、客観的な「今」の移行としてのそれは認識不可能かもしれないとの疑いは、哲学者だけでなく他の研究者によっても提示されてきたものである。とくに物理学者によって提示された場合は、移り行く「今」——客観的あるいは絶対的なものとして時間軸上を移り行く「今」――は認識不可能である以前にそもそも存在不可能ではないか、と申し立てられることが多い（たとえば、のちほど引用する、デイヴィッド・ドイッチュの著書[*2]の第十一章など）。

その理由としてよく持ち出されるのは、アインシュタインの相対性理論だ。同理論の確立以後、諸出来事の同時性は相対的であると考えられるようになった。任意の出来事AとBとが、ある観測系において同時だったとしても、他の観測系においてそうとは限らない。BはAの以前／同時／以後のいずれでもありうるというわけだが、このことから、ある出来事が過去／今／未来のいずれであるかは絶対的には定まらないと推論するとき[*3]、移り行く「今」の存在は脅かされることになる。

さて、いま述べたことは重要であるが、じつのところ、相対性理論に先立つニュートン力学においてすでに、「今」は物理学にとって不要で定義困難なものとなっている。ニュートンは主著『自然哲学の数学的原理』で、「絶対的な、真の、そして数学的な時間は［…］一様に流れる」ものだと述べたが[*4]、一定速度での「今」の移行に数学的記述を与えたわけではない。たしかにニュートン力学では、同時性が絶対的なものとされ、どの系から観測をしても時計の進行にズレはない。しかし、「今」とは何であり、それがどのように移行するかについて、明確な規定はされていない（つまり、「流れる」との表現は、よくある比喩としてのみ使われている)。

この世界がニュートン力学に完全に従っていると仮定して、時刻tにおけるその世界の状態をS_tと表すことにしよう。そして、S_tで成り立っている、ニュートン力学で記述できる諸事実をすべて知ったと想像してみよう。このとき、私たちはS_tに関して神のごとき知識をもっているが、これほどの知識をもってしても、次の質問には答えようがない。――時刻tは「今」であるのか否か?

時刻tが「今」であるときと、そうでないときのどちらでも、S_tにおいて成立しているニュートン力学的な諸事実は変わらない。状態の知覚や想起ではなく、状態そのものの内容(たとえば、ある時点での東京タワーの高さ)について考えるなら、これは当然のことである。二〇〇一年元日零時における東京タワーが、その時刻が「今」であるとき三三三メートルの高さであるのに、その時刻が過去になると五〇〇メートルの高さになる、といった話は、誤りであるという以前にその意味がよく分からない。もし、S_tにおけるなんらかのニュートン力学的な事実によって時刻tが「今」になっているのだとしたら、まさにその事実によって、時刻tは永久に「今」であり続けてしまうだろう。

「状態の知覚や想起ではなく」という先述の断りに補足しておこう。まさに、この「今」に目にしている東京タワーの鮮明な赤さは、あとでそれを思い出したときの赤さと、質的に異なっているかもしれない。前者を知覚像、後者を想起像と呼ぶなら、知覚像に比べて想起像は普通はボンヤリとしている。この意味で、過去は次第に「色あせて」いくものだが、しかし、これはあくまでも現在における過去の印象の話だ。十年前に見た東京タワーの赤さが記憶のなかで色あせてしまっても、その過去の日における東京タワーの赤さが（その物理的性質が）変化するわけではない。「今」であることと過去であることの違いは、知覚像と想起像の違いではない。

物理学者デイヴィッド・ドイッチュの著書から、次の引用をしておこう。[*5]「もちろん物理学者も、だれもがしているように、時間の流れについて語る。［…］しかし、ニュートンは賢明にも、時間が流れるという自分の主張を、数学的なかたちに翻訳することも、それからいかなる結論を引きだすこともしなかった。ニュートンの物理理論のなかには、時間の流れへの言及はひとつもない。それ以降のどの物理理論も時間の流れに言及しなかったし、あるいはそれと両立できなかった。」（傍点による強調は、原文のまま。以下、すべての引用について同様。）

物理学におけるさまざまな理論は、移り行く特定の時点としての「今」に依拠しない観点から、そもそも「今」の存在を前提としないかたちにて、時空間の内容を見事に描く。いつ、どこに、どんな内容の出来事が存在し、そして、それらはどのような法則的関係をもつのかについて――。専門的な表現で言えば、その描写は「無時制」的であり、「今」がいつであるかによって意味を変えない普遍性をもっている。この意味では、物理学は「今」を扱えないと言うより扱わないと言ったほうが適切だろう。もちろん、「今」をめぐっては、哲学者のあいだでそうなのと同様、物理学者のあいだにも意見の相違があるに違いなく、「物理学では――」といった一般化を過度に行なってはならないが。
（多くの先行研究(*6)をふまえて、「物理学は「今」を扱わない」という一般化された叙述をここでは行なった。なお、「QBism」と呼ばれる量子力学解釈のもとでは「今」を物理学で扱えるというデイヴィッド・マーミンの主張については、私にも可能なシンプルな批判を、近刊の拙論で記している(*7)。）

ページのなかの動き

前節で確認した通り、時間が二倍の速度で流れて万物の変化が倍速になっても、私はそれに気づかないだろう（私の心身に関する変化もすべて倍速になっているのだから）。だが、それなら、時間が一倍の速度で流れていることも知覚に影響を与えないのではないか。私たちの知覚の動性は、時間そのものの動性と、じつは切り離す余地がある。

いま目の前にある世界は、たしかに動いているように見える。幾何学の点のような、幅をもたない瞬間ではなく、わずかな幅（たとえば二分の一秒ほど）をもった瞬間を私たちはいわば「知覚の窓」とするが——第八章で言及する「見かけの現在」と同等のもの——その「窓」から覗《のぞ》く世界については、なおさらそう言えるだろう。しかし、各々の「窓」の内部に動きが知覚されることは、時間軸上を「今」が移り行くことや、ある「窓」が未来／今／過去の「窓」に移り変わっていくこととは異なる。

だから、時間軸上をどんなに速く「今」が通過したとしても、個々の「窓」から知覚される動きが別様に知覚されることはないし、より注目すべきことには、移り行く「今」などなくても、眼前の世界はちゃんと動いて見える。ある「窓」から知覚された動きが、まさにその「窓」の内部のみに存在することをふまえるなら。

ある携帯電話のカメラでは、シャッターを切った前後のごく短い動画を、それ全体が一枚である「動く写真」として保存できる。的確な比喩ではないかもしれないが、この「動く写真」を一枚ずつ本の各ページに貼り付けたパラパラ漫画を考えてみよう。このパラパラ漫画では、実際にページがめくられなくても各瞬間における動きが感じられるし、むしろページのめくり方は動きの感じ方と無関係である。というのも、ここで考察すべきなのは、それぞれの写真のなかにいる人々にとっての動きだからだ。彼らにとっては一枚一枚の写真がその都度における「知覚の窓」であり、彼らはその窓からのみ出来事の変化を感じ取る。

　前節で私は、「ここまで生きてきた、というのは冗談」との心象を自分がもつことがあると記した。この心象をもつとき、私は、先記のパラパラ漫画のような個人史が一ページずつめくられて（生きられて）きたというのは冗談、とでも表すべき想像をしている。ひょっとしたら、私が四十四歳であるこのページは、私が二十二歳であるページのすぐ後にめくられたのかもしれず、その間のページはまったくめくられていないのかもしれない。この想像は馬鹿げて見えるだろうが、なぜ馬鹿げているのかを示すのは、じつはきわめて難しい。

フッサールと「今」

　理髪店の前にある、回転する縞模様のポール。日本ではサインポールと呼ぶこともあるが、英語ではバーバーポール（バーバーズポール）と呼ぶ。

　さきほど述べたような意味で、私たちに知覚できる動きは各瞬間のなかにのみ在る、と仮定しよう（よって、ここで言う「瞬間」はわずかな時間的幅をもっている）。このとき、特定の瞬間に縛られない、時間全体を通じた流れが幻視される理由を、バーバーポールに喩《たと》えて考えてみたい。なお、この話は少し込み入っているので、途中でよく分からなくなった方は、ひとまず先に進んで頂いてもかまわない（その場合は、次節の「知覚のポストディクション」の項のみを読んだのち、第二章〈自由〉から改めて本書を読んでいくことをお勧めしたい）。

バーバーポールは実際には水平方向に回転しており、上方への運動は行なっていない。しかし、縞模様のこの水平運動は、あたかも縞模様全体が上方に動いているような錯覚を生み出す。この錯覚が起こるのは、もちろん、縞模様が斜線であるからだ。

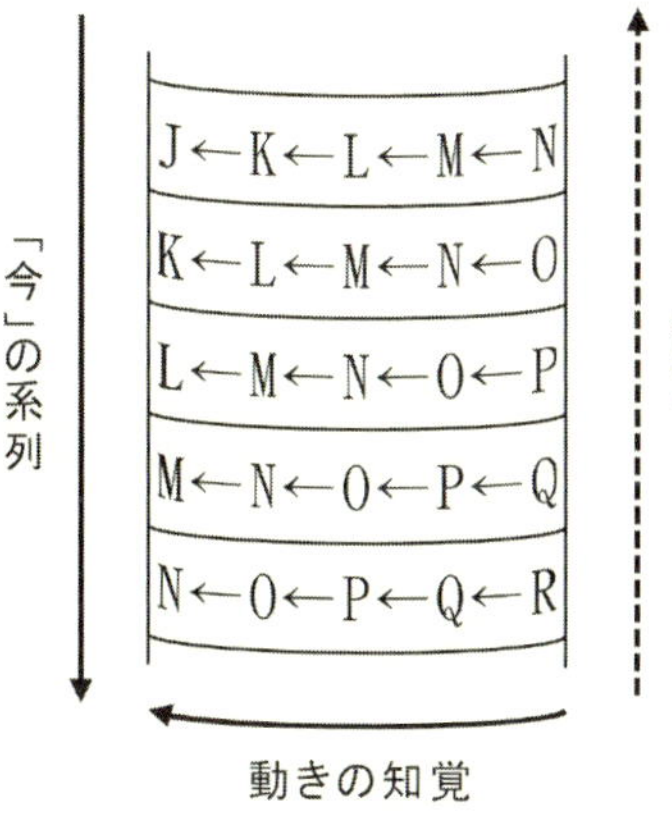

そこで、各々の瞬間における「動きの知覚」を、図のように、バーバーポールの各行（水平に輪切りにしたポールの各々）の水平運動に類比してみよう。さきほどの例で、本の各ページに「動く写真」を貼り付けたようにして、ポールの各行に「動きの知覚」を貼り付けるわけだ。

図の各行における「L←M←N←O←P」のような記載は、ある瞬間的な「動きの知覚」のなかでの出来事の去来を、水平運動に模したものである。たとえば、中央の行（「L←M←N←O←P」）の場合、N

が中心的に知覚されており、LやMは過ぎ去りつつあるもの、OやPは現れつつあるものとして知覚されている（心理学的なその実例については次節）。もちろん、これは視覚に限らず聴覚などについて考えてもよい。ひと繋がりのメロディを聴くとき、たとえわずかな瞬間のなかでも、私はその個々の音符を滑らかに去来するものとして知覚する。

バーバーポールにおける縞模様の斜線は、この図では、個々の同一の出来事（アルファベット）が斜めに並んでいることによって表されている。つまり、バーバーポールにおける上方向への動きの錯覚は、同一の出来事の織りなす斜線が上方向へ動く錯覚に対応するわけだが、ここで注意が必要なのは、錯覚と「今」との関係だ。

船に乗り、下流に向かって河を進んでいるとき、風景は上流の方向に向かって動いているように見える。同様に、この図において出来事の斜線が上方向に動いて見えるということは、「今」は下方向に向かって進んでいることになる。実際にバーバーポールを見ると、下のほうから新たな模様がどんどん湧き出てくるように見えるが、このことからも、下の方向が未来の方向にあたることが分かるだろう。

「今」の垂直的な系列上の動きが、水平的な「動きの知覚」によって生じた錯覚にすぎないものであったら？　これは熟慮に値する想定だ。それぞれの行が「知覚の窓」であり、それらを図のように積み重ねたかたちで時間の系列を思い描くとき、時間系列の全体に、実在しないはずの動きが見えてくる――。私は、時間の流れの認識がこのようなものであるはずだと述べているのではなく、このようなものでありえないかと問うている。「説」と言うのは大げさだが、いま見た類比による説明を「バーバーポール説」と呼ぶことにしよう（英語ならtheoryよりviewがふさわしい）。

　哲学者のフッサールは、バーバーポールの図を左に九十度倒したような図を描き、本節で言う「動きの知覚」に近いものを「縦の志向性」、そして客観的な「時間の系列」の把握を「横の志向性」と呼んだ。[*8] そのうえで彼は、両者が支え合うような仕方で、「今」の意識からその外に広がる時間系列が構成されていくと論じた。

　これは示唆的な議論だが、完全に納得することは難しい。「今」の意識の内部から、たんにその「今」の外部を構成的に捉えるだけでなく、その内部が外部（過去）になり他の外部（未来）が内部になることを捉える方法が不明瞭だからだ。バーバーポールに目を向けて同じことを問い直してみると、ここにある問題の難しさが分かる。輪切りにされたある行のみを見て――私たちは事実、つねにある行のみを知覚して生きている――なぜ垂直的な運動が分かるのか。

　垂直的な運動は、バーバーポールを外から見た際の一種の錯視として説明できるが、そのような「外の視点」に立たないことこそフッサール的な（現象学的な）議論の要諦だろう。しかし、それでは結局のところ、垂直的にではなく水平的にある輪切りの一行を肥大化させることしかできないのではないか。というのも、各行の内容を接《つ》ぎ木して長い系列を作っていくようなやり方では、ある巨大で仮想的な輪切りの一行を作ることはできても、移り行く「今」の系列を作ることはできないはずだから——。時間の流れの知覚にとって、最大級の謎がここにある。

第3節　過去の影、未来の影

知覚のポストディクション

　私たちは、ほんの少し過去の世界を「今」として生きている、と言われることがある。というのも、視覚や聴覚などに関して、外部の情報が脳に伝えられ、それを脳が処理するのに、一定の時間を要するからだ。その意味で、私たちの知覚体験の内容は、客観的な世界の内容に対して、つねに遅れていると言ってよい。

　心理学／神経科学の知見は、いま述べた「遅れ」について具体的なデータを与えるとともに、それがたんなる遅れではなく一種の編集作業を伴っていることを教えてくれる。脳はさまざまな知覚情報を統合し、時間的な順序をも編集したうえで、主観的な知覚体験を生み出す。（多くの解説文献があるが、明快で広範なものとして、『BRAIN and NERVE』誌の特集「こころの時間学」がある[＊9]。）

　そのことがとくに分かるのは、ポストディクションと呼ばれる現象においてだ。「ポストディクション」という表現は「プレディクション（予言）」に対置されたもので、未来が過去に働きかけるかのような特殊な知覚現象を指すが、いまからその実例を見てみよう。

　はじめに、カラーファイ現象について。たとえば、画面のある場所Gに緑色の点（ある程度の大きさをもったもの）が一瞬表示され、少し後に、それよりやや右側の場所Rに赤色の点が一瞬表示されたとしよう。表示のタイミング等が適切だと、ある同一の点が右に動いたように見え、さらには、二つの場所の中間地点でその点の色が変わったように見える[＊10]。面白いのは、この中間地点での色の変化が未来の情報を含んでいるように思われることだ。つまり被験者は、赤色の点が場所Rに見えるよりも前に、赤色への変化を見た、と報告するわけである。

　脳が赤色への変化を予言しているとか、あるいは未来から過去に向かう因果関係が成立しているといった信じがたい解釈を避けるなら、この現象は次のように解釈せざるをえない。中間地点での色彩変化を見ているとき、脳はすでに場所Rにある赤色の点の情報を受け取っており、その情報をふまえたうえで色彩変化の映像を作ったのだと。

本節の冒頭で述べた意味での「遅れ」が存在するだけでは、このような現象は生じえない。脳は、感覚器官から送られてきた情報をたんに遅延して体験するのではなく、時間的な編集を加えたうえで体験する。たしかに、そのような編集なしに遅れだけが発生し続けているなら、物理的世界の急激な変化に――たとえば急に飛んできたボールに――うまく対応するのは難しいだろう。

ポストディクションの事例をもう少し。腕の皮膚上の三ヵ所、すなわち手首側と肘《ひじ》側とその中間地点とに刺激装置を取り付け、手首側を数回、中間地点を数回、そして肘側を数回の順でそれぞれ皮膚に刺激を与えると、どうなるか。タイミングがうまく調整された場合、被験者は三ヵ所ではなく、より多くの場所を、手首側から肘側へ小刻みで順に刺激されたように感じる。(＊11) 刺激がまるで飛び跳ねながら腕を登ってくるように感じられるため、この現象は「皮膚ウサギ」と呼ばれるが、ここにはカラーファイ現象と同様の時間的な編集が見出せる。たとえば、手首側と中間地点のあいだに皮膚刺激を感じるとき、脳はすでに、中間地点が刺激されるという情報を受け取っているのでなければならない。

ＴＭＳ（Transcranial Magnetic Stimulation 経頭蓋磁気刺激）と呼ばれる装置を使った、次の興味深い事例もある。(＊12) ＴＭＳは、頭皮の上からの電磁誘導によって脳の活動を変化させる装置だが、脳の視覚部位にそれを使用すると、そのとき見せられていた縞模様など――画面に一瞬表示される——の一部分にスコトマ（欠損部）が生じると被験者は報告した。さらにそのスコトマは、縞模様の表示前後の背景色で「埋められる」ことが分かったが、では、縞模様の表示前後で背景色を変えた場合、スコトマはどの色で埋められるのか。本節の流れから予想される通り、スコトマはこの場合、時間的に後に表示された色によって埋められるという。

以上、未来が過去に影響するかのような不思議な現象を見てきたが、もちろん、通常の因果の向きに沿って、過去が未来に影響を与える知覚体験も豊富にある。つまり、人間は一瞬の物理的世界をスライスするようにして知覚するのではなく、ある程度の時間的幅をもった物理的世界の情報を脳で編集したうえで知覚しており、あくまでも主観的には、過去や未来が、すなわち、すでに体験した現象やまだ体験していない現象が混ざり込むようにして「今」は体験されている。

（カラーファイ現象において、中間地点での色彩変化の映像を、脳はいつ、どのようなものとして作り出すのか。赤色の点を見る前に被験者はそれを見たのか、あるいは、それを見たという仕方で記憶が編集されるのか。哲学者のダニエル・C・デネットは、「スターリン流の改竄《かいざん》」と「オーウェル流の改竄」という区別のもとで、この問題を論じている。[＊13]）

「今」への取り込み

前節で触れたフッサールの議論は、ありのままの現象をその出発点にしているとされ、そのことが多くの人々の直観に強く訴えてきたとともに、一部の人々の疑問も招いてきた。「今」の知覚体験は、ついさっき消え去った現象やこれから現れようとする現象を――いわば過去や未来の影を――特殊なかたちで含んでいるとフッサールは考え、前者を「把持《はじ》（レテンツィオン）」、後者を「予持《よじ》（プロテンツィオン）」と呼んだ。彼に共感する人は、たしかに自分もそのように感じると言うだろうが、他方、ただそう感じるというだけでは、たとえありのままの現象を見よと言われても、根拠に乏しいと思う人もいるわけだ。

先述の自然科学的な知見は、把持や予持の学説に一定の裏付けを与えるものだろう。そのような仕方で同説を裏付けることを好まない人もいるはずだが、ポストディクションのような事例の存在は、同説の逆説性をある程度和らげてくれる。つまり、ある「今」における知覚がまさに「今」のものでありながら、非「今」的なもの（過去と未来）の認識をもたらす把持や予持を含む、という主張の逆説性を。

いま記した話はちょうど、前節で登場した時間のバーバーポールにおいて、どの行も上下の行の情報を部分的に取り込んでいることに対応する（図を再掲）。たとえば、中央の行の「L↑M↑N↑O↑P」を見ると、Nが中心的位置を占めるのに対し、LやPはいわば

「今」の辺境にあるが、このとき、Lは上段（より過去）の行の情報を、Pは下段（より未来）の行の情報を、部分的に、認識に取り込んだものと言える。

とはいえ、本当に難しいのは、こうした意味で非「今」的なものを「今」に取り込むことではない。前段落で述べた話は、任意の時点における世界の認識が（すなわち、任意の「知覚の窓」の内容が）、その直前／直後の世界の情報を取り込むかたちで成立している、という仕方で、「今」という語なしに（無時制的に）言い換えられる。つまり、そこでの

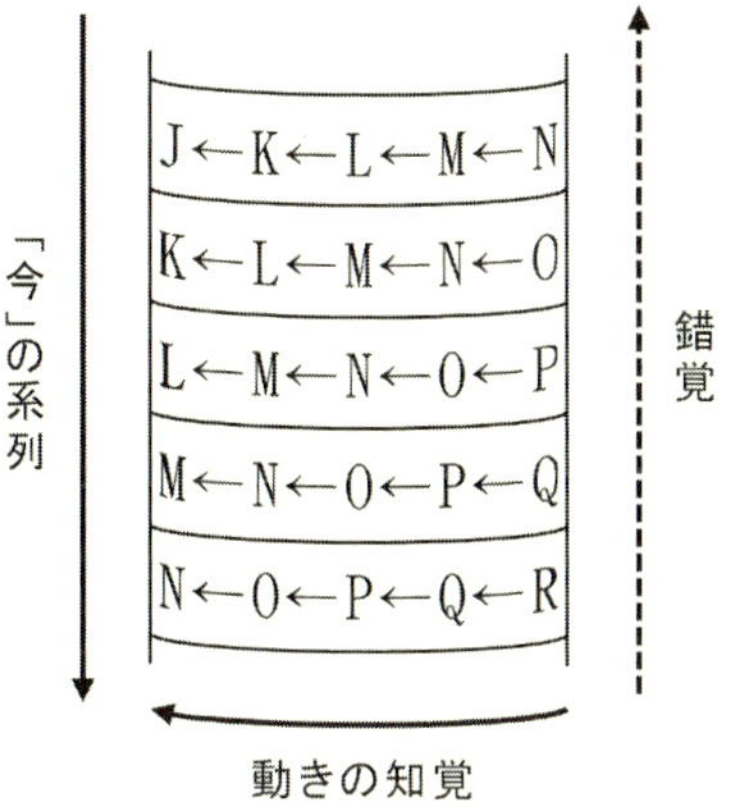

「取り込み」とは、非「同時」的なものをある時点の認識へと取り込むことであり、それは、任意の「今」――どの時点もそこから見れば「今」だという意味での「今」――への取り込みにすぎない。

他方、任意の時点ではないこの「今」、すなわち、その時点こそが現に「今」であり、それが移行することが時間の流れと同義である「今」については、非「今」的なものの取り込みがはるかに難しい問題をひき起こす。それは、現に「今」ではないものを現に「今」であるような認識のなかへ取り込む

ことであり、ここでは、消去を許さない次元で「今」という語が使用されている。

この次元での「今」について、バーバーポール説とフッサール説（本章で取り上げた範囲での）との決定的な違いはどんな点にあるのか。「今」の体験の内部から、それが「今」でないもの（過去）になり、そして「今」でないもの（未来）が「今」になっていくのを知ること――、つまり「今」の移り変わりを知ることとの説明を、バーバーポール説が最初から諦めている点にその違いはある。同説にとって「時間の流れ」とは、理髪店のバーバーポールが見せる垂直運動の錯視に類比的なものであり、つまり、時間系列の全体に均質に錯視されるものだ。特定の行が「今」になるとか、「今」でなくなっていくとかいった認識の説明を、同説はもたらさない。すなわち、そこには「流れ」だけがあって、位置を移していく「今」がない。

他方、フッサール説が魅力をもち、同時に困惑を招くのは、それが、まさに「今」の移行を捉えようとしているからである。その際、時間の流れの認識は、時間系列の全体に対する錯視としてではなく、時間系列の先端が（新たな「今」の湧出《ゆうしゅつ》によって）伸びていくような描像のもとで、実在の認識として扱われる。もちろん、これが困惑を招くのは、ある単一の「今」の内部から「今」の移り変わりを捉えねばならないからであり、それは不可能ではないかという疑いは、フッサール説が本当はバーバーポール説と同じところまでしか到達できないのではないか、という疑いもひき起こす。

（「時間の哲学」と呼ばれる分野の研究者に向けてひとこと。哲学者マクタガートに由来する時間のA理論のもとでは、「今」と、その移行としての「流れ」をしばしばセットにして論じるが、バーバーポール説の狙いの一つは、「今」なしの「流れ」の認識の可能性を開くことにある。）

堂々たる間違い

哲学者の中島義道氏は、先記のフッサール説への批判を、複数の著書で繰り返し記している。たとえば、『不在の哲学』[*14]では、「今」における把持と予持について、「それが「過去の」萌芽であることや「未来の」萌芽であることを、どこから採用しえたのであろうか？」（一二八頁）と問いかける。「このすべては、まずわれわれが日常的にすでに知っている現在・過去・未来という区別を微小現在へと投入したうえで、次にそこから「根源的現在・根源的過去・根源的未来」を導いているだけなのではないだろうか？」（同頁）

この指摘が正しいなら、フッサールの説明は循環しており、うまく機能していない。ところで、引用箇所での中島氏の問いかけは、著者の真意はともかく、二通りの意味で読むことができる。この「今」に把持や予持のような知覚がなされたとして、把持されたことがらが「今」であったことや、予持されたことがらが「今」になることを、その「今」の内部からいかにして知るのか——。そのようにこの問いかけを読むなら、それは先述の私の疑問に重なる。

　他方、この問いかけには次の読み方もある。任意の「今」に（任意の「窓」から）把持と予持のような知覚がなされたとして、その知覚対象が直前の「今」や直後の「今」に属しているものであることを、その「今」の内部からいかにして知るのか——。もし、このように読むならば、それはフッサール説だけでなくバーバーポール説に対しても疑問を突き付けるだろう。すなわち、さきほどの図において、任意の行の上下にあのような内容の行が在ることが（出来事の配置が斜線をなすことが）、その行の内部からなぜ分かるのか、という疑問を。ポストディクションのような事例の解明は、この疑問に光を投げかけるものであった。

　さて、フッサールの議論そのものについては、次章からはもう言及しない。そこで本章を結ぶ前に、ひとこと補足しておこう。本章だけを読むとフッサールはまるで切られ役のようだが、それはあくまで、こちらの問題関心のもとで彼の議論を読んだ結果にすぎない。他の問題関心のもとでなら印象は一変するだろうし、そして実際には本章においても、フッサールから得たものは大きい。彼が率直に、堂々と、弱いところもさらけ出すかたちで自説を述べてくれたからこそ、私たちはその欠落に気づき、哲学的な良問をひき出すことができる。思うに、こうした力をもっているのが哲学的古典の魅力であり、その意味で、哲学の名著の多くは、堂々たる間違いを含んでいる。読者が思わず、自分自身の頭を使って何かを言いたくなってしまうような。

注

（＊1）Killingsworth, M. A. & Gilbert, D. T. (2010). A wandering mind is an unhappy mind. *Science*, 330 (6006), 932. マインド・ワンダリング研究の多様化については、たとえば、次の論文を参照。Smallwood, J. & Schooler, J. W. (2015). The science of mind wandering: empirically navigating the stream of consciousness. *Annual Review of Psychology*, 66 (1), 487-518.

（＊2）デイヴィッド・ドイッチュ『世界の究極理論は存在するか』、林一訳、朝日新聞社、一九九九年。

（＊3）この推論には批判もある。たとえば次の第三章など。佐金武『時間にとって十全なこの世界――現在主義の哲学とその可能性』、勁草書房、二〇一五年。

（＊4）アイザック・ニュートン『プリンシピア――自然哲学の数学的原理』、中野猿人訳、講談社、一九七七年、二一頁。

（＊5）前掲の『世界の究極理論は存在するか』の二三二―二三四頁より。

（＊6）たとえば、次の二つの文献や、そこでの参照文献など。ヒュー・プライス『時間の矢の不思議とアルキメデスの目』、遠山峻征＋久志本克己訳、講談社、二〇〇一年。Savitt, S. (2017). Being and Becoming in Modern Physics.

The Stanford Encyclopedia of Philosophy (Fall 2017 Edition), https://plato.stanford.edu/archives/fall2017/entries/spacetime-bebecome/

（＊7）青山拓央「第4章リプライ：まず問いの共有を」、森田邦久（編著）『〈現在〉という謎――時間の空間化批判』所収、勁草書房、二〇一九年。

（＊8）エトムント・フッサール『内的時間意識の現象学』、谷徹訳、ちくま学芸文庫、二〇一六年。

（＊9）『BRAIN and NERVE』六五巻八号・特集「こころの時間学」、医学書院、二〇一三年。

（＊10）Kolers, P. A. & von Grünau, M. (1976). Shape and color in apparent motion. *Vision Research*, 16 (4), 329–335.

（＊11）Geldard, F. A. & Sherrick, C. E. (1972). The cutaneous "rabbit": a perceptual illusion. *Science*, 178 (4057), 178–179.

（＊12）Kamitani, Y. & Shimojo, S. (1999). Manifestation of scotomas created by transcranial magnetic stimulation of human visual cortex. *Nature Neuroscience*, 2 (8), 767–771.

（＊13）ダニエル・C・デネット『解明される意識』、山口泰司訳、青土社、一九九八年、第五章第3節。

（＊14）中島義道『不在の哲学』、ちくま学芸文庫、二〇一六年。

第二章　〈自由〉：私はいつ決めたのか

第1節　意思決定の時点の摑《つか》めなさ

リベットの実験

神経科学者のベンジャミン・リベットによる、次の有名な実験がある。(＊1) 被験者は好きなタイミングで手を動かす（手首または指を曲げる）ように指示されるのだが、脳波計での計測によれば、手を動かそうと意志する〇・四秒ほど前に、「準備電位」と呼ばれる電位変化を含む脳活動が始まっているという。

私たちは普通、自らの自由な意志によって行為をしていると考えているが、リベットの実験結果はこの考えに疑問を突きつけるものだ。準備電位を含む脳活動は手を動かすという行為の原因に見えるが、だとすれば、手を動かそうと意志する（後述の意味でその意志に気がつく）よりも前に、脳はすでに手を動かすための一連の作業を開始しているのではないか。だとすれば、いつ手を動かすのかは意志によって自由に決められたわけではなく、むしろ、意志はそうした決定に役立っていないのではないか。こうして、リベットの実験は――手の動作だけでなく行為全般にも同様の推測をすることで――自由意志の幻想性を暴き立てるものとして解釈される。事実、ちょっとした科学記事などでは、まるでこの実験が自由意志の非実在性を証明したかのように解説されていることがある（いまから確認するように、こうした解説は間違っているのだが）。

科学的な研究成果を正確に理解するためには、その研究の結論だけでなく、過程にも興味をもたなくてはならない。とくにその「結論」が、抽象的なデータを日常的な表現に分かりやすく置き換えたものである場合、その分かりやすさには注意が必要だ。というのも、データが述べている以上のことが言われている恐れがあるからである。過程の理解が重要なのは、結論がデータから飛躍している際に、そのことに気づかせてくれるためだ。

たとえば、さきほどの説明を読んで、こんな疑問をもたなかっただろうか。「手を動かそうと意志する前に脳活動が生じていたというが、手を動かそうと意志した時点はどのようにして計測されたのか」。これはリベットの実験の根幹に関わる疑問であり、また、結論ばかりに目を向けていると見過ごされてしまう疑問でもある。さきほど私は、リベットの実験は有名だと記したが、この疑問への回答を知らない人は、その実験を真に知っているとは言えない。

手を動かそうという意志をもつこと——、リベットはそれを「W」と呼び、次のユニークな方法でWの時点を計測した。被験者はいつでも自由に手を動かすことができるが、ただしその実験中、ある特殊な時計を見ている。その時計は円形であり、針ではなく単一の光点が円周に沿って動いていくもので、その速さは通常の秒針の約二十三倍である（二・五六秒で一周する）。被験者は手を動かした後、手を動かそうと意志したときに光点がどこにあったかを報告するが、リベットはその報告からWの時点が分かると考えた。

この計測のアイデアはいわゆる「コロンブスの卵」であり、このアイデアの活用によってリベットの名は科学史に刻まれたと言える。研究者のなかには（おそらく本書の読者のなかにも）この計測方法に疑念を抱く人々も多いが、それでも、こうした活用例を最初に提示することはきわめて価値が高い。具体的な活用例が示されたからこそ、そのアイデアの長所／短所やより良い活用案に関して、人々は深く検討することができる。

（リベットの計測方法については、「光点の位置を読み取る際に誤差が生じるのではないか」という疑問がまず思い浮かぶだろう。リベットもこの点には配慮し、光点の読み取りにおける一般的な誤差（意志の自覚ではなく感覚刺激に関しての）を別途に調べ、その誤差を差し引くかたちでWの時点を計測している。ただし、この対策によって誤差をどこまで減らせるかは論争中の問題だ。）

「W」とは何か

Wの時点の計測が何らかの心理現象の計測としてうまくいっていると仮定して、それがどのような現象なのかを改めて考えてみることにしよう。本来なら、それは「手を動かそうという意志をもつ」ことであるはずだが、本書を読まれている方もぜひ、いったん読むのを中断して、意識的に手を動かしてみてほしい。私たちはたしかに手を動かそうと意志して手を動かすことができる（ように思われる）が、しかし、意志をもつことに明らかに対応する心理現象などあるだろうか。とりわけ、未来の複数の可能性から一つを自ら選択した、という意味での意志をもつことに関して。

私はこの疑問をもって以来、長年にわたり少なくとも千回以上、生活のさまざまな場面において意思決定の時点を摑《つか》もうとしてきた。そして、その結果、「まさに、この心理現象が意志をもつことに対応する」と言えるような現象は存在しないのではないかと考えるようになった。

喫茶店でメニューを決めるとき、どこに引越をするかを決めるとき、いま書いていることの文章の続きをどのように書こうか決めるとき……、私は思案し、複数の選択肢に評価を加え、ある選択肢に心が傾きつつあるのを感じるが、とはいえ、ついさっきまで心が傾いていたのとは別の選択をすることはよくある。そして、心が傾いていた選択肢をそのまま実行するときでさえ、私は、自分がそれを実行し始めているのを自覚することで、ようやく、自分がそれを選択したことを確信できる（このことは、心が傾いていた選択肢について、それを実行する前に、計画や意図をもっていたことと矛盾しない）。

食事の注文のような軽い選択だから意思決定の時点が摑めないのではない。一生に一度と言えるような重い選択をする際にも、私はやはり、「この瞬間にたしかに意思決定がなされた」と分かるような心理現象をもつことはなく、さまざまな比較考量を経て自分がある道を進みつつある（すでに少し進んでいる！）のに気づくことで、自分がそちらを「選んだ」のだと分かる。

たとえば、私は二十七歳で結婚したが、いつ自分がそうすることに決めたのかは分からない。厳密に言えば、私の結婚が現実となったのは婚姻届が受理されたときであり、その届の提出直前まで私は別の選択ができた。だが、私は届の提出に先立ち、結婚の現実化に繫がるさまざまな行動をとっており――心のなかで何かを言ったり、だれかと何かを約束したり、新しく何かを購入したり――そうした行動の存在が、いわば外堀を埋めるようにして、私を結婚へと向かわせる。こんなふうに言うと、まるで私に結婚する気がなかったかのようだが、もちろん、そういうことではなく、重大な選択は私にとって「小さなステップの束」なのである（そして、それぞれのステップについても、意思決定の時点は摑めない）。

リベットの実験例に戻れば、私がもし被験者であったなら、手を動かそうという意志をいつもったのか、正直なところ分からないだろう。むしろ私は、その実験を受けている以上、手を動かすことを命じられており――手を動かさない自由などない――ただ私はその命令実行のタイミングを計っているだけである。だから、私にとってその実験は、自由に手を動かすものというより、無作為にある時点を指定するものである。これは明らかに、普通の意味での「自由な行為」とはほど遠い。

（意思決定の時点の摑めなさに関する一般化された問題については、「分岐問題」という呼称にて、拙著『時間と自由意志』（＊2）で詳細に論じた。本章では、意図的にその問題は扱わず、個別の実験例に即した考察を続けることにする。）

メレによる批判

哲学者のアルフレッド・メレも、彼自身がリベットの実験の被験者となった経験をふまえて、著書（＊3）でこう書いている。

「［手首を曲げようという］衝動がそれ自体でまさに浮かんでくることはない、ということを確信するまで、私は待った。何をすればよいのか私は疑問に思い、ある戦略を打った。声には出さず自分自身にちょうど「今」だと言うことにして、その無言の合図への反応として手首を曲げ、それから少し後に、自分が「今」と言ったときにリベットの時計の

針がどこを指していたかを報告してみよう、と決めたのである。」（一三―一四頁、拙訳、角括弧内は私の補足）

続けてメレはこんなふうに言う（一四頁）。この経験はまるで、特定の種類のピーナッツ缶を買いにスーパーマーケットに行くようなものだ。あなたの買い物リストには、どのメーカーのどのサイズのピーナッツ缶を買うかが記されている（その点について迷う余地はない）。さて、あなたはリストに従い、ある缶をショッピングカートに入れるが、そのとき、だれかがあなたに尋ねたとしよう。「同じ種類のピーナッツ缶がたくさん棚に並んでいるけど、なぜその缶を選んだの？」と。普通、この質問への答えはなく、「適当に」と答えるくらいだが、リベットの実験の被験者に対して「なぜ、あのタイミングを選んだの？」と尋ねても、それは同様だとメレは論じる。

たくさんの缶のなかから適当に一つを手に取ることや、たくさんの瞬間のなかから適当に一つで手を動かすことは、「自由な行為」の代表例とは見なしがたい。われわれの重視する「自由な行為」では、しばしば、選択肢が比較検討され、適当にではなくある行為が選ばれる。メレはこのことから、リベットの発見を「自由な行為」一般に当てはめることには無理があると指摘する（一五―一六頁）。

メレはほかにも多数の観点から、リベットの実験結果を「自由意志の否定」として解釈することを批判しており、それらはかなり説得的なものだ。とりわけ、手を動かしていないとき、その数百ミリ秒前に脳内の準備電位が存在していなかったことは知られておらず、この実験の設定上それは確認できなかった――手の「筋バースト」(筋運動の開始を表す)を時間的な基準点にして脳波のデータを記録・平均化していくため――という指摘は重要である(一二一―一二三頁)。なお、準備電位を含む脳活動を原因として筋バーストが起こったと言うためには、準備電位が在る場合に筋バーストが後続することだけでなく、準備電位がない場合に筋バーストが後続しないことを確認することが有益だが、ここでの因果関係の理解は、哲学者たちが「反事実条件的分析」と呼ぶものに対応する(この分析については第七章で詳しく解説しよう)。

メレや他の論者の指摘をふまえ、[*4] 私はリベットの実験を次のように受け止めている。この実験は、一部の人々が述べているほど自由意志にとって深刻なものではないが、しかし、一部の人々が述べているほど無益なものでもない。過大評価と過小評価を避け、実験そのものを眺めるなら、Wの時点に何らかの心理現象が生じていることは、もしそれが意思決定とは別の何かであっても、検討する価値を十分にもつ。そして、たとえこの実験結果を疑う場合でさえ、どこがどのように疑わしいのかを明確に述べることができれば、自由な行為とはいかなるものかの理解も着実に進むだろう。メレによる先述の議論は、まさにその意味で生産的なものである。

第2節　健全な不確実性

へりくだりと空威張り

私は哲学の研究者だが、他の同業者に比べると科学者との交流が多いほうだと思う。過去に、文理融合型の研究所（山口大学時間学研究所）に長く居たことが理由として大きい。その結果、科学者の方々もみな――哲学者と同じように――分野ごとの手法の制約のもとで、不確実性と向き合いながら研究されていることを知った。

科学では客観的検証が重視されるが、何を「客観的」検証と見なすかの基準は分野ごとにずいぶん異なり、そしてそれは自然なことである。どこまでの誤差を認めるか、どこまでの再現性を求めるか、さらには、アンケート調査などを「客観的」調査に含めるかといった多種のことがらについて、諸分野は各々の目的に応じたバラバラの基準をもっており、ある分野の基準を他の分野に一方的に当てはめることはできない。たとえば人について調べる際に、星について調べる際の基準を適用するのは無理である。

このことを言い換えると、科学ではその分野ごとに「健全な不確実性」と呼べるものがあり、研究成果はつねにそれとともに提出され、そして受容される。不確実性があることは研究の穴ではなく、むしろ、不確実性が健全な範囲に収まっていることが、その研究成果に「客観性」を与える。その意味で、客観的な研究成果とされるものを一〇〇パーセントの真実と見なすのは間違っているが、同時に、一〇〇パーセントの真実でないならば拒絶する（十把《じっぱ》一絡《ひとから》げに懐疑する）のも間違っている。

（もちろん、「健全な不確実性」をめぐる現行の基準は絶対的ではなく、ときに改定が求められるだろうが、それはまた別の話である。たとえば、心理学実験におけるそうした基準と再現可能性との関係については、『サイエンス』誌などにおいて近年、重要な指摘がなされ、世界的な論議を生んでいる。詳細は、『心理学評論』誌の特集「心理学の再現可能性」(*5) 等を参照。）

以上は常識だと思われるかもしれないが、この常識が無視されて極端な主張が述べられることもある。そのとき科学は一括《くく》りにされて、神棚にまつられる――とにかく「客観的に正しい」とされる――か、あるいは過小評価されてしまい、個別の成果を落ち着いて吟味することが難しい。また、これらの主張は反転したかたちで科学以外の学問（とりわけ広義の文系の学問）に向かうこともあり、その場合にも極端で内容の乏しい主張を生み出す。たとえば、「科学は客観的だが、科学以外の学問はそうではない」とか、もしくは対照的に、「科学も科学以外の学問も、客観性において違いはない」といった。

さて、こんなことを書いてきたのは、哲学的な議論においてもたまに、科学に変にへりくだるような言説や、逆に、科学に対して空威張《からいば》りするような言説が見られるからだ（私自身にも身に覚えがある）。前節で取り上げたリベットの実験はとくに象徴的であり、「この実験によって自由意志は客観的に否定されたのだから、哲学的な主張もそれに従うべきだ」といった議論がある一方で、「この実験は無意味であり、哲学的に得るところは何もない」といった議論もある。率直に言ってどちらも冷静さを欠いており、同実験における「健全な不確実性」への考慮もない。

六〇パーセントの意義

いま述べたことを気にしつつ、リベットの実験の発展版と言えるC・S・スーンらの実験を見てみよう（＊6）。こちらの実験では、被験者はたんに手を動かすのではなく、右手側のボタンと左手側のボタンのどちらか一方を選んで押す。そして、脳活動の計測には、脳波計ではなくｆＭＲＩ（Functional Magnetic Resonance Imaging　機能的核磁気共鳴画像法）が使用されている。（このほか、被験者が見る時計の仕組みにも少し違いがあるが、その点については割愛する。）

この実験でもやはり、被験者が行為を「意志」した時点（先記のようにそれは推定される）より前に、特定の脳活動が確認された。だが、驚かされるのは、その脳活動が「意志」の自覚よりも最大十秒前に生じたという報告だ。スーンらの論文の要旨には、こんな一文が含まれている。「決断の結果は、それが意識にのぼる最大十秒前に、前頭前皮質と頭頂葉皮質における脳活動にて符号化《エンコード》されていることを、われわれは発見した」（拙訳）。

この実験は反響を呼び、研究者たちに参照されたほか、一般向けの解説でも何度も取り上げられている。それはおそらく、「十秒前」という数値の大きさゆえだろう。さらに、一般向けの解説のなかには、「最大十秒前」ではなく「十秒前」とのみ記されているものもあり、そのことによって読者はより強い衝撃を受けることになる。

しかし、以上のことをもって、何が客観的に示されたのだろうか。どちらのボタンを押すかを被験者が「意志」する最大十秒前に特定の脳活動が始まっていること？　それゆえ、人間の自由意志は幻想であるということ？　前節で検討したような「意志」の計測問題は措《お》くとしても、ここで明らかに重要なのは、その「特定の脳活動」とは何かである。じつは、それが意味しているのは、多くの読者が思い描いたであろうものではない。つまり、どちらのボタンを押すかを脳が決定した（「意志」の自覚よりも最大十秒前に）と言えるような活動が発見されたわけではない。

この実験で調べられた脳活動のうち、ボタンの選択に関連するとされた脳活動を見てみよう。それはたしかに「意志」の自覚より数秒前に生じるが、その実体は、どちらのボタンを押すかと約六〇パーセントの確率で関連性をもった脳活動である。「予測」という言葉を使って言い換えるなら、数秒後にどちらのボタンを押すかを約六〇パーセントの精度で予測できるようなデータが脳活動から得られたわけだ。

「六〇パーセント」というこの数値は、多くの人をがっかりさせるに違いない。私の目にした解説のなかには、この数値が述べられていないものもあったが――むしろ大半がそうだったと思う――それが明確に述べられていたなら、読者の受けた衝撃はずっと弱かったはずだ。なにしろ、どちらのボタンを押すかをまったく適当に予測するのでも、五〇パーセントの精度があるのだから。

とはいえ、私はスーンらの実験を貶《おとし》めるつもりで紹介したのではない。むしろ私が言いたかったのは、六〇パーセントという数値が、この実験における他の条件（たとえば実験の試行回数など）を考え合わせたときに一定の評価に値するものであり、その実験結果が当該分野における「健全な不確実性」の範囲内にある（少なくとも、発表当時の審査基準のもとで、著名な科学雑誌に掲載されるくらいに）こと、そして、この数値を百か零《ゼロ》かのように扱う態度は不適切だということである。

スーンらの実験は、脳が「意志」の自覚より先に決断していることを示すものではないが、他方で、自由意志の議論に関して無価値というわけでもない。六〇パーセントは六〇パーセントなのであり、その数値はあの実験の諸条件のもとで、たんなる偶然としては片付けがたい意義をもつとともに、自由意志を脅かすものとしてはまだまだ力不足である。こんなふうにまとめると「面白くない」かもしれないが、ある専門分野に親しむことは、こうした抑制的態度が生み出す別種の面白さを知っていくことでもある。

チョイス・ブラインドネス

自由意志に関連する実験をもう一つ紹介しよう。私が個人的に好きなのは、P・ヨハンソンらによる次の実験だ。(*7) 被験者は、異なる顔写真を二枚ずつ見せられ、より魅力的な顔だと思ったほうの写真を指さす。そして、自分の選んだ写真を渡されたあとで、なぜそちらを選んだのかを尋ねられる。ところが、被験者に裏返しにして写真を渡すとき、十五回のうち三回で、実験者はひそかに写真をすり替えている。つまり、選ばれなかったほうの写真を被験者に渡しているわけだ。

興味深いことに、このすり替えがすぐにばれることは少ない。複数の被験者を対象としたすべてのすり替えの事例のうち、直ちにすり替えに気づかれたのは一三パーセントにすぎなかった。また、とくに気づかれやすそうな実験条件のもとでさえ（二枚の顔写真の類似度が低く、選択時間も無制限という条件）、直ちにすり替えに気づかれた事例は二七パーセントであった。

　そして、なお面白いのは、すり替えに気づかなかった人のなかには、なぜ自分がその写真を選んだのかを（実際には選んでいないのに）まことしやかに語る人も多かったという点だ。たとえば、イヤリングをしていない女性の顔写真を選んだにもかかわらず、すり替えによって渡された別の顔写真を見て、「イヤリングが好きだから」こちらを選んだ、と答えたりするわけだ。もちろん、彼らは意識的に嘘をついているのではなく、自分がそれを「選んだ」理由を本気で述べようとしている。

　写真がすり替えられたとき、多くの人はそのことに気づかず、写真を「選んだ」理由を述べる。だとすれば、たとえすり替えがなされていなくても、写真を選んだ理由の説明には疑わしい部分があるかもしれない。実際に、丸顔の人物の顔写真を選び、その写真を渡されたあとで「丸顔だから」選んだと答えたような場合でさえ、ひょっとしたら、その理由は後付けされたものかもしれないのだ。

　ヨハンソンらは、以上の実験に見出された、選択と選択結果との不一致に対する盲目性を「チョイス・ブラインドネス（選択盲）」と名付けた。顔写真のこの実験の結果をどこまで選択一般に拡張して解釈できるかはさておき——それについては次節で論じる——チョイス・ブラインドネスという概念を一般化されたかたちでもっておくことは、今後の検討に有益だろう。とりわけ、意志の働きが選択において重要だという常識を、改めて見直してみる際には。

私は前節でこう述べた。いま、この瞬間に意思決定がなされたと自覚させてくれる心理現象など存在しないのではないか、と。関連する一文を引用すると、「心が傾いていた選択肢をそのまま実行するときでさえ、私は、自分がそれを実行し始めているのを自覚することで、ようやく、自分がそれを選択したことを確信できる」。諸可能性の選択において、ある一つの可能性を現実化させる何らかの力を、私は心中《しんちゅう》に見出すことができない(その力を、もし、「自由意志」と呼んでも、それが何なのかは分からない)。

この話は、チョイス・ブラインドネスと別の観点から述べられたものであったが、現在の文脈においては次のようにも解釈できる。人間のどの選択についても、何かを実行し始めてから自分がそれを選んだことを知るなら、その選択をした理由の説明は後付けの側面をもたざるをえない、と——。とはいえ、チョイス・ブラインドネスについては、ここまで話を一般化させる前に、事例ごとの特徴を見ておかなくてはならない。次節では、いくつかの事例をもとに、それを試みてみよう。

（多数の執筆陣による『日常と非日常からみる　こころと脳の科学』[＊8]では、チョイス・ブラインドネスのほか、本書の第一章第3節で見た知覚のポストディクションなどについても、さまざまな実験結果が紹介されている。本書との併読をお勧めしたい。）

第3節　本気で選ぶとは、どういうことか

一般化への警鐘

自分が選んでいないものを選んだかのように錯覚させられたとき、人々はそれに気づかないどころか、本当は選んでいないものを「選んだ」理由さえ述べることがある。もちろん、意図的な嘘ではなく、理由をきちんと話しているつもりで。

選択と選択結果との不一致への盲目性《ブラインドネス》。前節では、顔写真を選ぶ実験をもとにして、この「チョイス・ブラインドネス」を紹介した。念のために記しておけば、選択させられる写真のペアは、それぞれちゃんと見分けが付く。とてもよく似た写真だからブラインドネスに陥ったわけではない。自分で実際に選んだものとはだいぶ違った選択結果についても、気づかぬうちに後付けの選択理由を作り上げてしまう――。チョイス・ブラインドネスの研究のとくに面白い点がここにある。

ところで、どのくらい重大な選択にまで、チョイス・ブラインドネスは生じるのだろう。たとえば、新婚旅行でどこに行くかを旅行会社で熟慮したあと、選んだ旅行先とは別の切符を店員から渡されたとしたらどうか。このすり替えには、多くの人が直ちに気がつくかもしれない。あるいは、結婚相手の選択において、すり替えに気づかないことはまずなさそうだが――絶対にないとは言わない――それはいったい、なぜなのか。その理由を直観的に述べるなら、「本気で選んでいる」からであろう。

顔写真の実験では、被験者は「本気で選んでいない」と言いたくなる人もいるはずだ。そして、だからこそチョイス・ブラインドネスに陥るのだと。たしかに被験者は、顔写真のペアを次々と見せられ、選択に責任が伴うこともなく（たとえば選んだ写真のほうの相手とデートをする義務もなく）、気軽に一方を選んでいくにすぎない。これは選択と言われるもののごく一部には対応するかもしれないが、選択の代表例とは言えず、この事例をもって選択一般を論じることには無理がある。

とはいえ、この実験での選択がまったく適当だったわけではない。その点において、先述のリベットの実験とはずいぶん異なる。本章の第１節で、私は、リベットの実験の解釈に対して次のような警鐘を鳴らした。好きなタイミングで手を動かすことは、何の比較考量もなく適当な時点を選ぶことと変わらず、それは人間の自由な行為の代表例とは見なしがたい。それゆえ、リベットの実験をもって、人間の自由な行為についての一般的な知見を得ることはできない――。

顔写真の実験は、リベットの実験に比べると、それなりの比較考量を求める。顔写真のペアのうち、一方を適当に選ぶのではなく、魅力的だと思うほうを選ぶのだから。後付けの理由を述べるケースにどうしても注目が集まってしまうが、写真のすり替えがない場合に本当の理由を（選んだ時点で念頭にあった理由を）述べたケースは多かっただろうし、そしてそれが可能だったのは、比較考量がなされていたからだ。にもかかわらず、この実験での選択が「本気でなかった」と言うためには、さらなる説明が必要である。

リスクの有無

顔写真の実験を行なったヨハンソンらは、チョイス・ブラインドネスに関わる他の実験も行なっている。たとえば、スーパーマーケットで客にジャムを試食させ、好みのジャムを選ばせてから例のすり替えを行ない、その反応を確かめる実験。あるいは、道徳的信条についてのアンケート調査を行なったのち、回答結果をやはりすり替えて反応を見る実験。いずれについても、ルンド大学の「チョイス・ブラインドネス・ラボ」のウェブサイト(＊9)にて、実験の詳細や動画《ムービー》を見ることができる（各種のすり替えのトリックについては、笑わせてくれるものもあるので、ぜひ動画を見て頂きたい）。

実験の結果、ジャムにせよ道徳的信条にせよ、被験者がすり替えに気づくことは少なく、偽りの選択結果について後付けの理由が無自覚に述べられた。すなわち、これらの実験においても、チョイス・ブラインドネスは発生した。顔写真やジャムの味のような知覚的対象だけでなく、道徳的信条のような言語的対象に関してもチョイス・ブラインドネスが生じることは注目に値する。もちろん、このことを確証するには多くの追試研究が要るが、少なくとも現状では次のように言うべきだろう。選択肢を言語的なかたちで比較することは、チョイス・ブラインドネスに陥らないように「本気で選ぶ」ことにとって、十分条件であるとは見なしがたいと。

それでは別の観点から、「本気さ」の実体に迫ってみよう。顔写真の実験について、私はこんなふうに記した。あの実験では選択に責任が伴わず、選んだ対象と自分とのあいだに何の義務も発生しない――。選択におけるこのリスクのなさは、やはり無視できないものである。何かを真剣に選ぶとき、私たちは選択対象の現状を比較するだけでなく、それぞれを選んだ場合におけるリスクの比較も行なうからだ。

たとえば、お見合いの相手を「本気で選ぶ」ことは、選択時点での相手の特性――容姿・職業・年齢・性格等――を比較することに留まらず、予測されるその相手との生活、さらには生じうるリスクについても比較することを含むものである。そこには多様な因果的推論（相手の職業からいってこんなリスクが生じやすいだろう、といった）が働いており、そうした推論の実行が、選択対象を選択者の脳裏に強く焼き付ける。人物の選択だけでなく、物品や進路の選択についても、それが真剣な選択であるなら同様のことが言えるはずだ。

チョイス・ブラインドネスが確認された実験は、倫理性に配慮した実験である以上仕方のないことだが、被験者の選択にリスクを課していない。いわば、チョイス・ブラインドネスに陥ったとしても痛くもかゆくもないような選択しか、そこでは求められていない。大きなリスクのある選択においてチョイス・ブラインドネスがどの程度生じるかは、通常の実験方法では調べがたいことかもしれないが、もし分かるなら知りたいところである。（選択にちょっとしたリスクを課せるなら、先記の顔写真の実験において、選択相手とのデートを義務づけてみたい。とはいえ、実際にデートをさせる必要はなく、そうした約束のもとで写真を選ばせるわけである。この場合、チョイス・ブラインドネスの発生率が有意に下がるほうに私は賭ける。）

選べない選挙

さきほど記したような意味で何かを「本気で選ぶ」ことは、因果連関を選ぶことを含む。選択対象を取り巻く因果連関のどれかを自分の生活に侵入させること――、これを「本気さ」の最小限の条件と見なすなら、日常生活におけるほとんどの選択は、程度の差はあれ、「本気さ」を伴っている。そしてむしろ、顔写真の実験での選択のような、因果連関抜きの選択のほうが例外的なものと言える。

ある対象を、それを取り巻く因果連関（自分自身の生活に関与する）とともに選んだとき、「なぜ、それを選んだのか」という質問に対する返答は、通常、まさにその因果連関への言及を含む。顔写真の実験において後付けの理由が作話された一因は、因果連関へのこうした言及が不可能だった点にあるに違いない。

このことは、「選ぶ」ことと「評価する」ことの違いについても考えさせてくれる。何かを選ぶことは、先述の因果連関を通して、何かを得ること（および失うこと）としばしば結びついているが、顔写真の実験においては、その意味では何も選んでいない。実験中に被験者は一方の顔写真を手渡されるが、実際には何も得ておらず、二枚の顔写真の魅力度を相対的に評価しただけである。この点について考慮するなら、「チョイス・ブラインドネス（選択盲）」と呼ばれてきたものは、本当は、「評価盲」なのかもしれない。少なくとも、それを、選択一般に関係したものと見なすことには無理がある。

　さて、この原稿を書いている最中、衆議院の第四十八回選挙があったが、以上の考察との関係でひとこと。投票に際して私たちは、どの立候補者やどの政党に票を入れるかを検討する。ひとによっては何日もかけて、この検討を行なうだろう。このとき、たしかに私たちは投票対象を選んでいる。

　他方で、自分の入れた一票と選挙後の社会のあり方に明確な因果連関がないことを、一人ひとりの投票者は知っている。もちろん、どの一票も他の多くの票と合わさることで選挙結果を決めてはいるのだが、残念ながら、自分のこの一票が選挙結果に影響することは普通はない（二〇一五年の熊本市議選のような、一票の差で結果が変わる状況はかなり例外的であり、ここでは考えないことにする）。

　誠実な投票者であればあるほど、直感的な好き嫌いで投票先を選んだりはせず、それぞれの投票先を取り巻く因果連関について熟考するだろう。立候補者や政党の政策などを比較することを通じて。しかし、日常における多くの選択とは異なり、一投票者はそれらの因果連関を先記の意味で「選ぶ」ことはできない。あたかも選んでいるかのように「評価する」ことしか、実際にはできない。

　このことをもって、投票の棄権が正当化されるかどうか。個人的には否と言いたいが、いまはその話は措《お》いておこう。チョイス・ブラインドネスとの関係で重要なのは、選んでいるかのように評価することが、そうではなく評価することと、投票の仕方に違いをもたらしうる点だ。チョイス・ブラインドネスがもし評価盲であるなら、選んでいるかのように評価することは、チョイス・ブラインドネスの回避に繋がる。すなわち、チョイス・ブラインドネスを招きやすい、「本気でない」投票をすることの回避に。そして、実際の投票の際にそれを回避する良策は、まさに自分には「選ぶ」力が――本当は備わっていないと気づきつつ――備わっていると信じることだ。ここには、ある種の自己欺瞞《ぎまん》が、より好ましくない別種の自己欺瞞（この例においてはチョイス・ブラインドネス）を回避させてくれる一つの例がある。

注

（＊1）Libet, B., Gleason, C. A., Wright, E. W., & Pearl, D. K. (1983). Time of conscious intention to act in relation to onset of cerebral activity (readiness-potential). The unconscious initiation of a freely voluntary act. *Brain*, 106 (3), 623-642. リベットの関連文献は多数あるが、網羅的な一般書としては次がある。ベンジャミン・リベット『マインド・タイム――脳と意識の時間』、下條信輔訳、岩波書店、二〇〇五年。

（＊2）青山拓央『時間と自由意志――自由は存在するか』、筑摩書房、二〇一六年。

（＊3）Mele, A. R. (2014). *Free: Why Science Hasn't Disproved Free Will*. Oxford University Press. リベットの実験に対する、より専門的なメレの分析としては、次の著書の第二章がある。Mele, A. R. (2006). *Free Will and Luck*, Oxford University Press.

（＊4）メレ以外の論者による有益な指摘も数多いが、そのなかから、明解な邦語論文として次を挙げておく。鈴木秀憲（二〇一二）「自由意志と神経科学――リベットによる実験とそのさまざまな解釈」、『科学基礎論研究』四〇巻一号、科学基礎論学会、二七―四二頁。

（＊5）『心理学評論』五九巻一号・特集「心理学の再現可能性」、心理学評論刊行会、二〇一六年。

（＊6）Soon, C. S., Brass, M., Heinze, H. J., & Haynes, J. D. (2008). Unconscious determinants of free decisions in the human brain. *Nature Neuroscience*, 11 (5), 543-545.

（＊7）Johansson, P., Hall, L., Sikström, S., & Olsson, A. (2005). Failure to detect mismatches between intention and outcome in a simple decision task. *Science*, 310 (5745), 116-119.

（＊8）宮崎真＋阿部匡樹＋山田祐樹（ほか編著）『日常と非日常からみる　こころと脳の科学』、コロナ社、二〇一七年。

（＊9）http://www.lucs.lu.se/choice-blindness-group/

第三章　〈記憶〉：過去のデッサンを描くには

第1節　時続《じつづ》きの記憶

記憶・証拠・理論

ツタンカーメン王のミイラには、きわめて珍しいことに、心臓が欠けているという。そのことから一部の研究者は次のような仮説を立てた。ツタンカーメン王の心臓は、死因となった怪我によってひどく損傷しており、そのため心臓をミイラ化することを諦めたのではないだろうか――。

こうした仮説形成をするとき、私たちは多くの可能性を、取るに足らないものとして気にしない。たとえば、ツタンカーメン王にはもともと心臓がなかったのかもしれない、とは疑わない。彼もまた私たちと同様のヒトであり、ヒトの一般的な人体構造をもっていたこと、あるいは、彼の生きていた時代においても物理法則は今日と同一であったこと等々、それらは自明の前提とされ、過去を推測する際の「理論」の一部となっている。

過去に何があったかについて、私たちは多くの手がかりをもつが、それは、記憶、証拠、そして、いま述べたような理論の三つに大別できるだろう。ツタンカーメン王に関しては、現在、彼についての直接の記憶をもつ者はいないので、証拠と理論を組み合わせることで彼の過去は推測されていく（どんな証拠も何らかの理論と組み合わせられなければ、証拠として機能しない）。

他方、自分自身の経験に関しては、私たちは豊富な記憶をもっており、ときには記憶だけの力で過去の推測が済まされるかのように見える。たとえば、私が今朝パンを食べたことは、この記憶からいってたしかであり、そこにはとくに何の証拠も理論も介在していないのではないか。

しかし、こうした事例において、本当に記憶だけの力で推測が果たされたのかどうかは怪しい。今朝パンを食べたことの想起は、少なくとも、「今朝」とは何であり、なぜそれが在ったと分かるのかを示す証拠や理論に依存しているはずだ。たんに「今朝」という語の意味が分かる、といったことではなく、あの今朝を、すなわちあの過去を指示することを可能にするような。

できるだけ素朴に考えてみるなら、今朝とは今日の日の朝であり、いまは午前十一時であるが、そうである以上、今日には午前八時の瞬間も在った（時刻の表記方法や太陽の運行などからいって）。私は午前八時頃、台所で立ったままパンを食べ、そのあと座ってコーヒーを飲んだ。パンを食べたことだけでなく、その味や見た目についても、いま思い出すことができ、また、午前十一時現在の私の空腹具合は、朝食が軽かったことを推測させる。

そして、あのパンを食べた場面が今朝の場面であったことは、その記憶の生々しさのみによってではなく、その場面と他の場面との繋がり、とりわけ、あの食事の後に諸用を終えて——途中で日が変わることなく——いまこの原稿を書いているという繋がりを確信することによって承認されており、記憶された朝食の像自体に日時のスタンプが押されているわけではない。記憶の像だけをどんなに見ても、それがいつの像であるかは分からない(像に時計が入り込んでいるような特殊なケースは除外する)。

純粋に記憶だけの力で、過去を推測することは可能か。この問いにはさしあたり否と答えるのが適切だろうが、次のように答えたほうがより適切と言えるだろう。過去を推測するための記憶は、証拠と理論から切り離せず、いま記したような意味での「純粋な記憶」などはない、と。自転車の乗り方のような記憶(手続き記憶)ではなく、過去にどんな経験が在ったかの記憶(エピソード記憶)に関しては、それが過去の像であること、これこれの時期の像であることが、何らかの仕方で保証されなければならない。そのような保証の仕組み込みで、過去の想起はまさに想起となる。

場所を覚える

科学者のＪ・Ｌ・マッガウによれば、わずか百年ほど前まで、記憶の研究はまともな科学と見なされていなかった[*1]。記憶は主観的なものであり、客観的かつ数量的にその法則性を示すことが難しい、と考えられたからだ。今日では、さまざまな研究手法が編み出され、さらに脳研究の進展もあり、記憶はきわめて重要な科学的対象となっている[*2]。

一例を挙げれば、二〇一四年のノーベル生理学・医学賞は、記憶の脳研究に関わる三名の科学者に授与された。うち一名は一九七一年に「場所細胞」を発見し、他の二名はその三十年以上後に「格子細胞」を発見したが、これらの細胞の働きはひじょうにユニークなものである。（多くの解説記事があるが、分かりやすくアクセスしやすいものとして、日本神経科学学会ウェブサイト上の藤澤茂義氏による記事がある[*3]。）

箱のなかを自由に動き回るラットは、その箱の形状を次第に覚えていくが、そのとき脳内では何が起こっているのか。場所細胞の各々は、箱のなかの各々の場所にラットがやって来たときに特異的に活性化する。つまり、特定の場所細胞が特定の場所と結びついているわけだ。

次に格子細胞だが、次頁の図のように、空間上を正三角形の格子で覆ったと想像してみよう。格子細胞は、この三角形の頂点のいずれかにラットがやって来たときに活性化する。場所細胞と格子細胞は、「頭方位（頭の方向）細胞」や「境界ベクトル細胞」といった他の細胞とも連携することで、空間的地図の記憶や、自分の空間的位置の認識を可能にしていると考えられ、また、ラットに限らずヒトについても、同様の細胞が存在することを示唆する証拠が見つけられている[*4]。

ところで、場所細胞や格子細胞の発見はたいへん興味深いものだが、これらと過去の想起との関係については、考えておくべき点がある。端的にいって、ある空間的地図を記憶したり、自分がいま空間内のどこにいるかを認識したりすることは、過去そのものにじかに関わっていない。ラットは学習によって箱の空間的地図を覚えることができるが、このことは、そのラットが「過去にこの箱のなかを歩いたこと」を覚えていることを意味しない。ＳＦ的な可能性としては、過去に行ったことのない場所の地図でもヒトの脳に書き込めるようになるかもしれないが、そのことはもちろん、過去についての何らかの記憶をヒトに与えることではないだろう。

過去の経験から獲得した記憶と、過去そのものについての記憶を区別することが必要だ。後者は前者の一部かもしれないが、しかし、すべてではない。過去の経験から得たものでありながら、過去の出来事を対象としない記憶を、私たちはもつことができる（先述した、空間的地図の記憶のように）。言い換えるなら、過去そのものの記憶をもつためには、過去の経験の痕跡が――何らかの因果関係によって――ただ残っているだけでは駄目であり、その痕跡があの過去の像であることが何らかのかたちで保証されなければならない。こうして、私たちは先述の帰結と同じところに戻ってきた。

「これ」との繋がり

台所でパンを食べていた記憶が今朝の記憶だと分かるのは、それが表している経験の後にどのような他の経験を経て、この「今」に至るかが分かるからであった。他の記憶や、証拠、理論の助けを借りて、私はその経過を把握する。ところで、そのような把握の際、私はこの「今」の日付や時刻を改めて確認することはしない。

　パンを食べていたあの場面と、原稿を書いているこの「今」の場面。私はそれらの日時を比較して同じ日だと知ったわけではない。前者と後者との時間的な繋がり（そのあいだに多くの出来事を挟んだ）を捉え、その途中で日付が変わっていないと信じるからこそ、前者は今朝の出来事だと見なされる。言葉にするとややこしく感じるが、何のことはない、私たちはこうした判断を普段当たり前のようにやっている。

とはいえ、この当たり前の判断は、ある意味では不思議な判断だ。そこでは、想起された場面が「今」と時間的に繋がっていること、いわば「時《じ》続《つづ》き」であることが確信されているが、その繋がりは何の繋がりなのだろう？　「時間的な繋がりである」とただ同語反復的に答えるのではなく、その内実を少しでも答えることはできないか。

ある記憶が偽物でなく、実在した過去についての本物の記憶であること。どのようにそれが正当化されるかについては、いくつかの哲学説がある。それらのうち、私も部分的に賛同する「記憶の整合説」では、ある記憶がもたらす信念が――たとえば今朝、自宅の台所でパンを食べたという信念が――他の諸信念と整合的である（つじつまが合う）とき、当の記憶の正当性は高まる。私が仮に、自分の家に台所がなく、パンは嫌いで食べられない、という強い信念をもっているなら、いま例に挙げた記憶はその正当性が危ぶまれるだろう。

ところで、こうした整合性のチェックは、まさに今、私の眼前にあるこの現象にも関わっている。視覚、聴覚、嗅覚、触覚、あるいは思考や感情が一体となった、眼前の「これ」にも。「時続き」であることの意義をふまえたとき、想起されたある場面は、一般的な知識や法則と整合的なだけでなく、この現象とも整合的でなければならない。なぜなら、「これ」との繋がりこそが、「今」との繋がりを示すから。

だが、このような説明は本質的な欠落を含んでいる。「これ」と整合的であることは、ある場面が「これ」と繫がりうることの根拠ではあっても、それらが現実に繫がっていることについては、いわば状況証拠にしかならない。では、私はこの欠落をどのようにして埋めているのか。その答えは結局のところ、次のようになるだろう。私はこの欠落を埋めてから出発することはできず、すでに出発をしたあとで、少しずつ欠落を埋めていくことしかできない――。次節では、この回答の意味を、違う角度より掘り下げてみよう。

第2節　過去のデッサン画

五分前創造仮説

哲学者のラッセルは、次の懐疑論的な仮説を提起した。(*5) この世界は五分前に、まさにそのとき在ったままの状態で突然出現した（創造された）のかもしれない。五分前よりも過去には、世界そのものがなかったのかもしれない。もし、これが事実だったとしても、私たちはそのことに気づかないだろう。というのも、五分前に出現したその世界は、それより過去がどのようであったかを私たちが推測するための手がかりを、すなわち記憶や痕跡と見なされるものを、すべて含んでいるからだ。そこには、地層や化石も在るし、私の思い出や記念写真も在る。

この「五分前創造仮説」は二通りの思考に人々を導く。第一に、この仮説はいかにして論駁されるのか（そもそも論駁できるのか）という思考。第二に、この仮説は何を示しているのかという思考。

この仮説を退けることは意外に難しい。五分より前にも世界が在ったこと、しかも、私たちの推測がだいたい当たっているような世界が在ったこと――たとえば千年前には平安貴族がおり三百年前には江戸幕府将軍がいたような世界が在ったこと――を、私たちが今もっている手がかりに頼らず証明することはできそうにないからだ。

そこで、この仮説の論駁には知的な工夫が求められる。もし、この仮説が正しいなら、その仮説の言っていたことがじつは言えなくなる（ゆえにその仮説は破綻《はたん》している）ことを示し、内側から仮説を自壊させるような工夫が。このようなかたちの論駁は、他の懐疑論的仮説に対しても、よく試みられるものである。

さて、日本でも多くの哲学者がこの仮説について論述してきたが、出版されたのが比較的早く、また今日でも幅広い読者に読まれているものとして、野矢茂樹氏による議論を参照しよう。それは、対話篇のかたちで『哲学の謎』[＊6]に書かれており、後述する、ある重要な論理展開を含んでいる。

そこでの議論は便宜的に前半と後半に分けることができるが、まずは前半を見てみよう（三六―四五頁）。対話篇の軽妙さを捨象して論証のみを取り出すなら、それは次の（1）から（5）のように書ける。

（1）この仮説にとって、世界が突然現れたのは、十分前でも十秒前でもかまわない。
（2）この仮説にとって、世界が突然現れたのは、いま、この瞬間でもかまわない。
（3）それゆえ、いま在る記憶や痕跡のすべては偽物（過去と無関係）かもしれない。
（4）この仮説において過去は、いま在る記憶や痕跡のすべてから独立に理解できるものでなければならない。
（5）そうした理解をするための超越的視点を人間はもたず、ゆえに、この仮説を語るための視点ももたない。

最後の（5）から明らかな通り、この議論は先述した「内側からの自壊」を示そうとするものである。もし、それがうまくいっているなら、五分前創造仮説はたしかに空転するだろう。いま見た（1）から（5）への議論は、前掲書以外の著作にも類似した議論を見出すことのできる、多くの支持を集めそうなものである。

輪郭と空白

とはいえ、（1）から（5）への展開に疑問が生じないわけではない。たしかに（1）は説得力をもつが、そこから（2）を導けるだろうか。（2）は結局、過去のすべてを懐疑の対象にするものであり、そのために（3）と（4）の叙述は「すべて」という表現を含むことになる。だからこそ、私たちは、「過去」という言葉が空転してしまう地点まで連れて行かれるわけだ。

もともとの五分前創造仮説では、世界創造は文字通り五分前になされる。言い換えれば、直近のこの五分間は世界が在り、それはいま在る記憶や証拠と整合的な過去である。この状況において、「過去」という言葉はきちんと機能していると言ってよい。

五分前という限定条件を守るなら、（3）と（4）に含まれる「すべて」は、「ほとんど」などに書き換えられるだろう。そして、そのとき（5）の結論は、このままのかたちでは導かれてこないだろう。もちろん、これで一件落着ではないが、（1）から（2）への進展に私たちはもっと慎重になるべきだ。

ちなみに「五分前」という条件は、「今」の知覚に混ざり込んだ「過去の影」（第一章第3節を参照）についての余計な問題もひき起こさない。感覚記憶・短期記憶・長期記憶といった心理学上の分類に当てはめるなら、「過去の影」がもし記憶に関わるとしても、感覚記憶（感覚器官からの情報を一、二秒ほど正確に保存しておく記憶）だけがその候補となり、それは目下の条件では本物の記憶と見なしてよい。

さて、野矢氏は先述の対話篇の後半で、（5）までの展開を基本的に認めつつ、次のような一歩を踏み出している。「人間の視点から把握されたこと、つまり、現在われわれによって検証されたものは確かに過去に存在している。［…］その点でラッセルの懐疑は却下できる。だけど、検証されたものしか存在していないというのは、言い過ぎじゃないか」（四九頁）。

私たちは、いまから新たな手がかりを得ることで、まったく知らなかった過去の事実を検証できるかもしれない。その意味で、現在知られている過去が、過去のすべてというわけではない。そしてまた私たちは、現在検証されておらず、今後も検証しようのない過去の事実についても何事かを語ることがある——。対話篇後半におけるこれらの指摘は、（1）から（2）への進展を留保した場合でも、重要な価値をもっている。

いま在る記憶・証拠・理論と整合的に思い描かれた過去には、言ってみれば、たくさんの隙間が空いている。描き途中のデッサン画のように、詳細未定の空白部分があちこちに存在しており、すでにくっきりと描かれた周囲の描線の存在によって、そうした空白部分は「輪郭」をもっている。

野矢氏の対話篇のなかにも、幼稚園のときの先生（もう顔は分からない）の額にホクロがあったかをめぐるやり取りがあるが、そこで話題にされているのは、まさに輪郭をもった空白だ。つまり、過去にその先生がいたこと、その先生に額があったこと、額にはホクロが存在しうること等が、そこでは輪郭を成している。この事例はささやかなものだが、もっと驚愕すべき過去の事実が新たに検証されるときでも、基本的な構造は変わらない。その際には、空白が埋められるだけでなく輪郭も修正されるかもしれないが、その輪郭の修正は、デッサン画全体にとってはごくわずかなものだ。

「今」への通路

五分前創造仮説が実践的な意味で不毛なのは、その間違いが明らかだからではなく、その仮説に生産性がないからだ。私は眼前のデッサン画を、あくまでそのデッサン画をより良いものにする目的で、少しずつ修正しなければならない。ほとんどすべての描線を偽物（五分前の捏造物）として消してしまうことは、実践上の生産性をもたず、もはや、そのデッサン画の修正とも言えない。

ところで、特定のデッサン画への「忠誠」は、なぜか今、ここにそのデッサン画が在ることに原理的に依存している。私は今、五感や思考が一体となった眼前の現象を捉えているが、描きかけの過去のデッサン画もまた、そこにおいて立ち現れざるをえない。そして何より重要なのは、このとき、どのデッサン画を出発点とするかの選択はなしえないことである（他のデッサン画はないのだから）。今ここに、今朝パンを食べたことや千年前に平安貴族がいたことを描線とするデッサン画が在るなら、私はそれを出発点として過去を捉えていくしかない。たとえ、一部の記憶の間違いが後から明らかになる場合でも。

過去についての信念の正当性は、今なぜか眼前に在るデッサン画との対照によって検討される。しかし、そのデッサン画自体を、他のデッサン画と比較して、捨て去ることは不可能だ。映画の『マトリックス』や『トゥルーマン・ショー』のように、一見、デッサン画が全体として交換されたかのような物語においてさえ、従来のデッサン画は新たなデッサン画の一部として、後述の意味で生き残っており、つまり、デッサン画は交換されたのではなく拡張されたにすぎない。

眼前のデッサン画への忠誠は、結局、眼前に「これ」が在るということ以外に「今」への通路がないことに由来する。だが、急いで付け加えておくと、そのことは、「今」が現象的に——眼前に現象が在るという仕方で——定義されることを意味しない。眼前に現象が在るときが「今」であると言いたくなるのは、その現象がたんに在るのではなく、今まさに在るからだが、その「まさに」とは何であるかが未知にして本質的だからだ。（つまり「今」であるために「現象」が本質的なのではない。これは百年以上前に、哲学者のマクタガートが述べたことでもある（*7）。）

『マトリックス』等のストーリーを覚えている方は、ぜひ次の点を確認してほしい。自分が本物だと信じていた世界がじつは造りものであったと知り、現実の世界へ抜け出そうとする物語では、その造りものの経験がどのように生み出されていたかの説明が（たとえば、脳への電気刺激によってそれが生み出されていたという説明が）現実の世界の何らかの機構に依拠するかたちで与えられている。この意味で、偽りであった過去のデッサン画は、現実の過去のデッサン画内に虚構という額縁を設けたうえで、捨てられることなく取り込まれている。

だからこそ、私たちはああした物語を見て、現実の世界だと判明したものが、これまで信じていた世界に対して、たしかに上位に立つと考える。もし、その現実の世界なるものが、これまで信じていた世界の像を取り込んでいることの説明がないなら、前者の世界を現実と見なす動機は大きく損なわれるだろう。眼前のデッサン画への忠誠は、ああした特殊な物語のなかでさえ失われることはない。

第3節　五分間の僥倖《ぎょうこう》

確実に在ったもの

前節では、この世界は五分前に創造されたのかもしれないというラッセルの仮説を取り上げた。この世界は五分前に、ちょうどそのときに在ったもののすべてを含んだかたちで、突然造り出された（出現した）のかもしれない。五分より前の世界に関する記憶や痕跡も含んだかたちで――。たとえば、目の前の銀閣寺を見ながら、大学生の頃にも銀閣寺を見たことを、今、私が思い出しているとしよう。ラッセルの仮説が真実なら、銀閣寺それ自体も、大学時代に私が銀閣寺を見た記憶も、五分前に造られたものにすぎない。

もちろん、ラッセルはこの仮説を真実だと思って提示したのではない。この仮説が間違っていることは証明できないのではないかと問うことで、記憶や過去についての理解を彼は深めようとしたわけである。この「五分前創造仮説」については、多くの論者が見解を述べており、前節ではその一例として「内側からの自壊」を示す議論を紹介した。つまり、この仮説の筋道によれば「記憶」や「過去」などの概念が空転し、結局、この仮説自体を述べられなくなる、という議論である。

ところで、その種の議論では、概念の空転を導くために、「五分前」から「いま、この瞬間」への書き換えを行なっていた。そのことによって、記憶や痕跡のすべては偽物かもしれないという方向に議論は進展し、先記の空転を招くわけである。だが、ラッセルのもともとの仮説では世界ができたのは五分前であり、この五分間を基礎として、「記憶」、「過去」等の概念はまだ機能している。だからこそ、ラッセルはあの仮説を有意味に述べられたと言ってよい。

　前節で見た「デッサン画」の議論をふまえて、私たちは発想を転換すべきだろう。五分前創造仮説とは、五分前よりも過去の世界について何も知らないかもしれないと人々を脅かすものである以前に、知っている通り（あるいは、ほとんど知っている通り）の過去がこの五分間は確実に在ったことを保証してくれるものなのだ、と。

　たとえ五分間であれ、いま在る記憶や痕跡と過去との繋がりが保証されるなら、それは僥倖《ぎょうこう》と言ってよい。現実の生活において、そのような保証はけっしてなされない。私は眼前のデッサン画（輪郭と空白からなる過去の内容の像）にすがりつくようにして過去への推測を行なうが、それは、このデッサン画の正しさが保証されているからというより、それしかデッサン画がないからである。このデッサン画から出発し、その整合性に留意して、過去についての諸信念を取捨することしか私にはできない。たとえ、他人の話を聞いたり、本を読んだりした場合ですら。

（ほとんど）知られた通りの過去が五分間も確実に在ったなら、それを土台にして、「記憶」、「過去」等の概念を駆使してまずいことはないし、そのうえで開かれた可能性のもとでなら、五分前に世界ができたことも可能だろう。このとき、五分前よりも過去の世界に関して、私たちの知る歴史がなかったかもしれないのが不満な人は、いま述べた僥倖の本当の有り難みを分かっていない。枯れ木に花咲くより生木に花咲くを驚け、という言葉があるが、在ったと思う通りに過去が在ったことは、それがたとえ五分間であれ、まさに驚嘆すべきことであり、そして五分前創造仮説では、そのことが保証（！）されている。もちろん、これは設定による保証であり、現実の人間にそんな保証はできないが、だからこそ、これは僥倖なのだ。

別々の仮説

以上の議論が正しいとすると、五分前創造仮説を十分前創造仮説や十日前創造仮説に勝手に書き換えることは許されない。たしかにラッセルの仮説において「五分前」であることには意味がないように見え、だとすれば、世界創造はたとえば先週の木曜日であってもよさそうなものだが（「先週木曜教（Last Thursdayism）」なる、創造説のパロディもあるらしい)、しかし、そのような書き換えはじつは認められないのである。

念のために付け加えておけば、五分前創造仮説に対し、なぜ十分前ではなく五分前なのかと根拠を問うのはもちろん構わない。そして、その問いかけの結果、五分前創造仮説の提示者は十分前創造仮説に鞍替《くら》えしてもよいと言うかもしれない。だが、このことは、五分前創造仮説と十分前創造仮説が同じものであることを意味せず、もし前者から後者への鞍替えがあったなら、そのとき五分前創造仮説はもう論じられていない。

(ほとんど)知られた通りの過去が、どの期間について在ったとされるのか。五分前創造仮説では、この期間が指定されていることが懐疑の土台を提供する。その期間の具体的な指定に何の根拠もないように見えることと、期間の指定そのものがあやふやであってよいことは異なる。五分前創造仮説は、十分前創造仮説や十日前創造仮説と、あくまで別のものとして扱わねばならない。

さて、いま述べてきた話に対し、こんな疑問があるかもしれない。五分前創造仮説において、(ほとんど)知られた通りの過去が五分間は確実に在ったことが保証されている、というのは本当だろうか。この仮説ではそんな保証はされておらず、ただ、直近五分間における記憶・痕跡が普通の意味での記憶・痕跡であることが保証されているにすぎないのではないか――。しかし、問題はそこで言う「普通の意味」とはどういう意味か、だ。直近五分間については、その時間的な領域が懐疑の対象から外されており、他の時間的な領域を懐疑するための足場となっている。哲学史に残る諸懐疑論を見ても、ある領域を疑うために、疑われない領域が確保されているように(＊8)。

普通の意味での記憶・痕跡はいちいち精査されることなく本物であると見なされており、それらを主要な描線としたデッサン画がまずは出発点となるが、その根本的な理由は、デッサン画がそれしかないからであった。だが、普通の意味の「普通」たる所以《ゆえん》は、「それしかない以上……」との話が表に現れない点にある。日常において、この話は素通りされ、その正当性が問い直されることもない。重要なのは、事実としてそれしかないということであり、それしかないことの自覚はむしろ、他の可能性を思考させる点で、「普通の意味」にとって有害である。

五分前創造仮説のもとで例の懐疑がなされるとき、直近五分間の記憶・痕跡については、「普通の意味」がより強い意味をもってくる。「それしかない以上……」との話を直近五分間に対して不問とすることが求められ、それを不問にすることで懐疑の領域が画定される。さきほど述べた「設定による保証」とはこのことを指しており、だからこそ、わざわざ「保証する」などと述べなくても保証はすでになされている。（哲学史に詳しい方は、デカルトによる悪霊の懐疑や、パトナムによる水槽脳の懐疑などにおいても、同様の保証がなされている点を確認して頂きたい。）

そうかもしれないが、どうでもよい

さまざまな話をしてきたが、結局のところ、五分前に世界のすべてが創造されたことは可能である。それが可能だと考えるための視点に私は立つことができる。では、私はこの可能性に恐怖すべきなのだろうか。私が実際の生活において、そんな恐怖におののいていないのは、なぜなのだろうか。

「いま、この瞬間」の創造仮説については概念の空転が危ぶまれるものの、十分前創造仮説や十日前創造仮説については、五分前創造仮説からそちらに鞍替えすることに、とくに問題はないように見える。そして、鞍替え可能なそのような仮説は、ほかにも無数に挙げられるだろう。これはつまり、無数の対立仮説のなかから五分前創造仮説のみを取り上げる理由がないということだ。五分前創造仮説はけっして他の仮説と同じものではなく、それゆえ勝手に他の仮説へと書き換えることはできないが、だからといって他の仮説に勝っている点もない（五分間という設定が読者を惹きつけるのにちょうどよい、といった表現上の優越点を除いて）。

五分前創造仮説は実践的には「どうでもよい」ものに見えるが、それはこの仮説が間違っているからではなく、同じくらいに正しい仮説が無数に存在するからである。世界のすべては五分前に造られたのかもしれない、というラッセルの懐疑。これに対する私の答えは、そうかもしれない、だが、どうでもよい、というものだ。

十分前創造仮説や十日前創造仮説……については当てはまらないが、五分前創造仮説についてのみ当てはまる説得的な議論があったなら、私はその仮説をはるかに真剣に受け止め、ほかでもない五分前にすべては造られたのかもしれないと恐怖するだろう。五分前創造仮説が「五分前」であることに適切な説明が与えられたなら。

しかし、五分前創造仮説と同程度に正しい仮説が無数にあるなら、五分前創造仮説の恐怖は無限に薄まってしまう。世界のすべてができたのは、五分前かもしれず、十分前かもしれず、あるいは一億年前や百億年前かもしれない……。ここに、深刻に捉えるべき個別の懐疑は成立していない。強烈な毒物も、海全体に拡散してしまえば、その毒性がほぼゼロにまで薄まってしまうように。

知識への懐疑一般に関して、どうでもよい懐疑とは、明らかに間違った懐疑だけではない。間違いを指摘できなくても、それと同じたぐいの懐疑が無数に挙げられる懐疑もまた、どうでもよい懐疑に含まれる。私の研究室にある雑多な物品のうち、たとえば紫色の柄のビニール傘は、私の知らないうちにそっくりな別物とすり替えられているかもしれない。私はその可能性を否定できないが、とはいえ、その懐疑にまともに取り合わないのは、紫色の柄のビニール傘のみについて（ホッチキスやブラインド・カーテン等についてではなく）、懐疑する理由がないからである。

五分前創造仮説に関しては、多くの人がその仮説の間違いを指摘しようとしてきた。その気持ちはよく分かるが、これは限界のある対応だ。いま見た考察に従うなら、仮説に正面から立ち向かうのではなく、その正しさをいったん認めたうえで、それを無限に薄めてしまうほうがよい。

そして、五分前創造仮説が実践的にはどうでもよいことを見たうえで、にもかかわらず、その提示の仕方自体が、謎をはらんでいる点に注目すべきである。つまり、記憶と過去との関係において、それしかデッサン画がない以上そこから出発するしかないという話がなぜ不問とされるのか――それを不問とすることが五分前創造仮説にもなぜ必要なのか――という謎を。本章ではこの謎にいくつかの輪郭線を与えたが、まだ、その謎が明確に描き出されたとは言いがたい。第七章の後半では、「過去のあるエピソードの主体」、「そのエピソードを捉えていた主体」、「今そのエピソードを想起している主体」という三者の偶然的な一致を論じて、この謎に輪郭線を描き足すことにしよう。

注

(＊1) J・L・マッガウ『記憶と情動の脳科学』、大石高生＋久保田競監訳、講談社ブルーバックス、二〇〇六年、二八—三〇頁。

(＊2) たとえば、次の特集を参照。『BRAIN and NERVE』七〇巻七号・増大特集「記憶と忘却に関わる脳のしくみ——分子機構から健忘の症候まで」、医学書院、二〇一八年。

(＊3) https://www.jnss.org/141031-03/

(＊4) たとえば、次の論文を参照。Jacobs, J., Weidemann, C. T., Miller, J. F., Solway, A., Burke, J. F., Wei, X.-X., Suthana, N., Sperling, M. R., Sharan, A. D., Fried, I., & Kahana, M. J. (2013). Direct recordings of grid-like neuronal activity in human spatial navigation. *Nature Neuroscience*, 16 (9), 1188-1190.

(＊5) B・ラッセル『心の分析』、竹尾治一郎訳、勁草書房、一九九三年、一八八頁。

(＊6) 野矢茂樹『哲学の謎』、講談社現代新書、一九九六年。

(＊7) ジョン・エリス・マクタガート『時間の非実在性』、永井均（訳・注解と論評）、講談社学術文庫、二〇一七年、五〇—五一頁。

(＊8) 本書第二章の注で挙げた『時間と自由意志』の補論2を参照。

第四章　〈自殺〉：死ぬ権利は、権利なのか

第1節　私の、私による、私のための死

広い意味での自殺について

若い頃、職業作家に憧れたこともあったが、今ならば自分にそれが向いていないと分かる。職業作家として生きていくには――例外的な人気作家を除けば――与えられたテーマについて、考え、書く能力が必要だが、私にはそれが乏しいからだ。あるテーマに頭を占拠されてしまうと、与えられたテーマと関係なく、そればかり考え、草稿を書いてしまう。

この第四章のもとになった草稿を書いていた数十日間、なぜか、私は自殺のことばかり考えた。それも、安楽死を特殊例として含む、広い意味での自殺について。その結果、本章の内容は他章からやや浮いているが、それでも本章を最後まで読めば、時間がやはり重要なテーマとなっていることが分かるだろう。

さて、親しい方に向けて一応書くと、私は現在、とくに自殺願望をもっていない。むしろ私はまだまだ生きたいと思っており、それだけの気力があるからこそ、自殺について理詰めで考えることができる。だが、もちろんこのことは、私にとって自殺がひとごとだと

いうことを導かない。私は自殺というものを自分の問題として受け止めており、だからこそ、先述の「気力」があるうちに熟考しておきたいと思っている（いざ心身が弱ってから熟考するのは至難だろうから）。

「死ににくさ」の問題

私は生きる権利をもつが、これは特殊な権利である。というのも、生きることは私にとって、権利であるだけでなく義務でもあるから。本書の読者のほぼすべてにとってこの事情は同じだろうが、あとで明確化する理由から、まずは「私」を主語として書いていこう。

私は生きる権利をもち、死刑にでもならない限り、自分の命の所有権をもっている。それでは、私は自分の命を処分する権利をもっているだろうか。すなわち、未来に私が存在することを、現在の私が阻止する権利を。所有権というものは通常、処分権を含むと考えられる。それゆえ、もし私が自分の命の処分権をもっていないのだとしたら、私はじつは前言に反して自分の命の所有権をもたないことになる。そのとき私は、自分の命が奪われることを禁ずる法のもとにあるだけである（これはもちろん重要な法だが）。

現在の日本の法において、自殺することは罪ではない。自殺の手助け（幇助《ほうじょ》）は罰せられるが、自殺そのものはそうではない。その意味で私は私自身の命を、法を犯さずに処分することができる。だが、このことをもって私は、自分の命を処分する権利を、すなわち「死ぬ権利」をもつと言えるだろうか。その点について考えると、人間一般の「死ににくさ」の問題に直面せざるをえない。

人間はなかなか簡単に死ねない。自殺には苦痛や恐怖が伴い、そして確実に死ねるとも限らず、自殺に失敗した際には深刻な障害が残ることもある。改めて論じられることは少ないが、人間のこの「死ににくさ」こそ、自殺（とりわけ安楽死）をめぐる「死ぬ権利」の問題の根底にある。

もし、私の身体のどこかに「命のスイッチ」が付いていて、私自身がそれを切った場合、安らかに、確実に、遺体の損壊もなく死ねるとしよう。このとき、私が何らかの理由でどうしても死ぬことを決意したなら、私はそのスイッチを切ってしまう。家族に対する責任感、あるいは自殺への倫理観などによって、私は大いに迷うだろうが、それでも決意したならばスイッチを切ってしまうに違いない（あとで詳述することだが、ここでスイッチを切ってしまうことは、自殺一般の容認とは異なる。むしろ、容認の有無とは独立に、事実として切ってしまうだろうということだ）。

現実にそのようなスイッチが存在しないことは、死ぬことそのものの障壁とは別の障壁を生み出す。自殺を試みるとき、私はたんに死の恐怖を乗り越えるだけでなく、強烈な苦痛、自殺の失敗、後遺症の可能性等の恐怖を乗り越えなくてはならない。そして、こうした恐怖を心理的に乗り越えるだけでなく、本当に自殺が失敗してしまった場合の重大なリスクを背負い込まなければならない。

このことを真剣に考慮するなら、自殺そのものが法に触れないからといって、私は自分が「死ぬ権利」をもつとは思えない。そもそも、その権利を行使するための「死ぬ能力」をもたないからだ。能力抜きの権利は空虚であり、しかも、能力の不足を科学技術等の助けによって補うことが認められていないなら、なおさらその権利は空虚である。たとえば私が「アメリカに行く権利」をもっている（アメリカに行っても法に触れないという意味で）とされながら、航空機や船などの助けを借りることが認められていないと仮定してみよう。私を含めた多くの人は、そんなものは権利と呼べないと言うだろう。

命のスイッチは存在しないが、科学技術の助けによって、その代替物を得ることはできる。薬物等を使用することで、安らかに確実に死ぬことはできる。だが、そうした代替物を合法的に得ることは、ほとんどの人にはきわめて難しい。「アメリカに行く権利」のたとえで言うなら、航空機や船を合法的に使用することがきわめて難しいということだ。この状況で、自殺をしても（アメリカに行っても）罰せられないことを「権利」と呼ぶのは欺瞞《ぎまん》的である。

「死ぬ権利」の裏の顔

そろそろ次の点について明確にしておいたほうが良いだろう。私は本章において、自殺が善か悪かという話を中心的には論じない。安楽死にも言及する予定だが、そちらに関しても同様である。自殺は社会的問題であり、人々の関心がその善悪（容認／拒絶）にまず向かうのは自然なことだが、私の頭を占拠しているのは少し違った問題なのである。（このほか、安楽死も含めて「自殺」と記している理由は次節で述べる。）

世界には事実として、自殺を望む大勢の人々がおり、私もその一人となる可能性をもつ。これは事実の問題であって、倫理観の問題を超えている。だから、そうした人々のなかには、自殺は悪である（容認されない）と思いつつ、自殺を望む人もいるだろう。ほぼすべての人間は、倫理規範だけを基準として生きていくことはできない。

そして私は、倫理的な善悪に縛られず、より正確に言えば、それが万人の従うべき規範となりうるか否かにかかわらず、ある特定の状況においては命のスイッチを切ると思う。それが具体的にどのような状況かをここで書くことはしないが、その理由は、それと同じ状況にある他者を話に巻き込みたくないからだ。注意深く読んで頂きたいのだが、あくまで私は、私ならその状況で命のスイッチを切ると言っており、だれもがそうすべきだとは言っていない。同様に私は、たとえ本人が望む場合ですら、その状況で命のスイッチを切ることが社会的に認められるべきだとも言っていない（それが認められるべきだと私が考えているかどうかは、また別の話である）。

ようするに、率直に言えば、ここで私は社会というものを念頭に置いていない。社会を馬鹿にしているのではなく、むしろ、社会に敬意を払い、社会を私事に巻き込みたくないからこそ、私はただ、私はある状況下において人知れずスイッチを切るだろうと述べている。今後の社会制度への提言などとしてではなく、ただ、私の手で、私のために、私の死を静かに迎えるために。私がある状況でそうすることは、同じ状況下で他の人がどうすべきかと本来は関係がない。

そういったわけで、私の頭を占拠しているのはたしかに自殺の問題であるが、それは私の自殺の問題であり、自殺一般の問題ではない。しかしながら私の頭には、そのプライベートな問題が一般の問題にもならざるをえない（社会を念頭に置くことが避けられない）ことについてのメタ的な問題も居座っている。「メタ的」などというと小賢しいが、それは本当に生々しい、血の通った問題である。

そちらの問題の出発点も、命のスイッチがないことだ。命のスイッチをもたない私は、安らかで確実な死のために、その代替物を得なければならない。だが、それを得るためには社会的承認が必要であり、自殺一般の是非についての議論を経ることが求められる（本当は自殺一般ではなく私の自殺だけを問題にしたいのに）。

さきほど私は、専門家たちも使っている「死ぬ権利」という表現を用いた。ところで、改めてそれを見ると、「権利」との表現が強い社会性を帯びていることに気づく。私がある状況下で、私の、私による、私のための死をいかに求めたとしても、それを「権利」として求めたならば、社会成員に一般化された要求としてのみ理解されてしまうだろう。「死ににくさ」の問題が「死ぬ権利」の問題の根底にあると先述したのはこのためだ。だれもが命のスイッチをもつなら、「死ぬ権利」の問題は今日ほどの難問となっていない。だれが「死ぬ権利」をもつかについて、病苦などに関する線引きの基準を話し合うことも、多くの当事者にとって喫緊の課題ではなくなる。しかし人間は「死ににくく」、社会の承認を得ることなしに綺麗に死ぬことは難しい。そして、そうした承認を得ることは、ほかでもなく、何らかの一般的基準のもとで「権利」を得ることなのである。

以上のことから分かるのは、「死ぬ権利」には裏の顔があるということだ。自殺が法に触れないのは、何らかの基準を満たす表立った権利があるからではない。自殺者の遺族を罰するといった前時代的な法を除くなら――考えようによってはその場合さえ含めて――

自殺者はすでに法の及ばない領域にいることが、理由として大きい。だが「死ににくい」人間は、この原始的《プリミティブ》な「権利以前の権利」をうまく使うことができず、社会化された「死ぬ権利」を改めて貰い受けねばならない。その意味で私の命は、社会に所有されている。

第2節　自殺の理想と現実

安楽死と自死

前節では「自殺」という語を、安楽死を含める広い意味で用いた。この用法には違和感を覚えた方もいるだろう。また、近年では「自殺」の代わりに「自死」という語を用いることもあるが、私は意図的に「自殺」という語を使った。本節ではまず、これらの点について説明することから始めよう。

ごく簡単に言うと、自殺とは、「自分で自分の生命を絶つこと」（『明鏡国語辞典』）だ。ここで言う「自分で」には解釈の余地があり、もしそれが自分で直接、生命活動を止めることを意味するなら、安楽死の多くは自殺ではない（身体を自由に動かせず、他者の助けを借りることで実行された安楽死などはとくに）。また、安楽死は一般に、積極的安楽死と消極的安楽死（いわゆる尊厳死）に分けられるが、後者についてそれを「自殺」と呼ぶことは、より抵抗が大きいかもしれない。積極的安楽死では生命活動を止めるために、たとえば薬物を用いて具体的に何かをするのに対し、消極的安楽死では延命治療を中止することで一種の自然死を待つからだ。

しかし前節では、私の、私による、私のための死としての「自殺」に目を向け、しかもその善悪ではなく実情についての問題を提起した。この文脈のもとでは、積極的安楽死にせよ消極的安楽死にせよ、本人の確固たる意思表示がその主要な原因（理由）であったなら、それらも「自殺」に含めることは的外れではないだろう。もちろん、本人ではなく家族の懇願によって死が導かれたようなケースは、この意味での「自殺」に含められないが、このケースはそもそも「安楽死」と見なすこと自体に困難がある。

次に、「自死」との表現に関して。「自殺」のソフトな言い換えとしてこの表現が使われることがあるが、そのほか、強い決心と納得の伴う自殺について、それを「自死」と呼ぶこともある。一時の憂鬱によって衝動的になされたのではなく、また、他者からの酷い仕打ちによって追い込まれてなされたのでもない、いわば能動的な自殺がその対象となる（この意味での自死を擁護し決行した学者としては須原一秀氏がいるが[*1]、本章の執筆中にも西部邁氏が同様の死を遂げたとの報道があった）。自殺のすべてが一律にタブー視されがちな現状において、能動的な自殺というものがありうることを示す意味では、「自死」

との表現は有益だろう。

だが、それでも以下の理由から、本章では、自死もまた「自殺」と呼ぶ。前節で述べた通り、安らかに確実に死ぬことは難しく、それを可能にする薬物などを合法的に入手することも難しい。それゆえ、市井《しせい》の人々が自分の命を絶つ際には、身体を破壊する暴力的手段で自分を実質的に「殺す」しかない。非暴力的なかたちで、自分を安らかに確実に「死なせる」道はとても狭くしか開かれていない。ここでもまた、命のスイッチ（それを切ることで綺麗に死ねるスイッチ）が存在しないことが、問題の根源になっている。自「殺」ではない自死が理想であっても、その理想を現実にするための手段が与えられていないわけだ。

自殺に関する話のなかで「理想」という表現を用いることは、人々を不愉快にするかもしれない。だが、考えてみてほしいのだが、理想的な自殺がどのようなものであり、現実とどれだけ異なっているのかを確かめておくことは、頭でっかちな議論を避けるうえで重要な意味をもっている。現実からその理想までの、具体的な距離が見えてくるからだ。

細部の条件

安らかに、確実に、自殺する手段が私たちに与えられているとしよう。そして、ある状況下の人物が、家族やケア・スタッフらと十分に話し合い、熟慮して、自殺を選択したとする（望むならば、愛する人々に見守られながら、最期の瞬間を迎えてもよい）。私を含めた多くの人は、「理想の自殺」ということで、こういったものを思い浮かべるだろう。

現実はこの理想から遠く隔たっているが、それはたんに安楽死が容認されていないからではない。いま記した想定には細部がなく、それゆえ理想的に見えるが、現実には人それぞれの具体的な細部がある。「十分に話し合う」とはどれだけ話し合うことであり、「熟慮する」とはどれだけ考えることなのか。そして、「ある状況」がどんな状況ならば、愛する人々は私の死を穏やかに受けいれてくれるのだろうか。

脚本家の橋田壽賀子さんは、『安楽死で死なせて下さい』(＊2)というタイトルの本を出版された。当時九十二歳の著者の、強い実感をもって書かれた本である。同書のもとになった雑誌記事で安楽死の願いを著者が綴《つづ》った際には、多くの賛同の声があったようだ。学術的な目新しさなどなくても、私は同書を良い本だと思うし、多くの高齢者の声を代弁するものとも思うが、そのうえで次のことを述べたい。

同書の後半では、先記の雑誌記事への投書をいくつか取り上げているが、そのなかに、脳の難病を告知された四十八歳の男性のものがある。「私の病気は、身体の隅々を動かすのに必要なドーパミン神経伝達物質を出すべき脳神経細胞が減少していく脳神経疾患です。〔…〕手足の震え、強ばりなど、症状がゆっくりと進行し、徐々に身体を動かすことができなくなっていく病気です。場合によっては脳の萎縮もあり、橋田さまが心配している認知症を発症することもあります」（一九八―一九九頁）。

投書者は、この難病での死を受容しつつも、自分が寝たきりになり、「長い期間にわたって家族に自分が痩せ衰えていく姿を見せる」ことや、「自分が誰かもわからない状態で生きて」いくことは望まない、と記している。さらに、自分の難病には、精神的苦痛はあっても「耐え難い肉体的苦痛」が伴わないために、たとえ安楽死が法制化されても自分には適用不可能かもしれない、とも（二〇〇―二〇一頁）。

橋田さんは、投書者に共感を示しつつ、しかし、四十八歳は「あまりに若い」ため、「あなたにもっと生きていてほしいと望む人」が周りに居るのではないかと問いかける。そして、すでに十分に生き、生きていることを望む家族も居ない自分とは、そこが違うと（二〇二―二〇三頁）。

「理想の自殺」の難しさは、だれもが納得できるような細部の条件が定まらない点にある。橋田さんのように、安楽死に理解のある方でさえ、自分と異なる境遇の他者の「理想の自殺」には抵抗がある（そもそも、その他者の言う「理想」が理想と思えなかったりする）。橋田さんは愛情をもって先述のように答えたのだと思うが、その愛情は、このような場面では非情ともなってしまう。

つまるところ人間は、自分と似た境遇にある他者のことしか、よく分からない。自分自身に関してなら「理想の自殺」を思い描けるが、その細部の条件はしばしば他者には当てはまらない。「理想の自殺」を望む人も、自分にとっての理想的であるそれを他者から認めてもらえないかもしれないし、あるいは、他者にとってのそれを認めないかもしれない。たとえば、老人は中年のそれを認めず、家族の居ない者は居る者のそれを認めない、というように。

想像力の不足？

私たちは想像力によって、他者の境遇を思いやれる。そこに倫理の基礎がある。自殺の問題に関しても、想像力をしっかりと働かせることで、自他の隔たりを埋めていけるだろう――。私はこうした考えに、かなりの程度、賛成する。そして、安楽死の法整備等は、こうした考えの延長線上で論じ合っていくしかないだろう。つまり、だれもが納得する理想の条件などはないとしても、人々が互いに想像力を駆使して、できるだけ公共性の高い条件を追い求めていく仕方で。

しかし、このことをふまえたうえで、「自分には十分に分からない他者の苦しみというものがある」と気づくことも、また、想像力による。想像力の及ばない領域が存在するということについての、想像力があるわけだ。この種の想像力は、人々を思考停止に陥らせるものではなく、むしろ、偏った思考が独走して他の思考を停止させることを予防するものと言える。

現在、特定の苦しい境遇にある人物は、自分のその境遇を熟知していることによって、ときに、他者の別種の苦しみを考慮しづらくなることがある。そして、自分の苦しみを他者が想像できないことに苛立つ一方で、他者には他者の、自分には想像できない苦しみがあることが見えなくなる。そうした人物は他者に対して「想像力が足りない」と憤ることがあるが、当人もまた、自分の想像を超えたものへの想像力が足りていない。だからこそ、他者が自分の苦しみに対して想像力不足であることに、より憤ってしまう。

「理想の自殺」の話に戻れば、つまり、問題はこうである。各人は各人の境遇のもとで、「私」にとっての「理想の自殺」の細部を思い描くことができる。命のスイッチが存在するなら、その理想の実現はずっと身近なものになるだろう。だが、命のスイッチは存在せず、「私」はその代替物を得るために社会の承認を受けなければならない。こうして「私」は、自分の「理想の自殺」に関して、なぜそれが公共的にも理想であるのかを説明させられる。それは実質的に、社会に対して自分の苦しみの詳細を——他者にも想像可能な範囲で！——語っていく作業となるだろう。

たとえば、倫理学者のピーター・シンガーは著書『生と死の倫理』[＊3]で、さまざまな重症患者の実話を紹介している。それらを読んでいくと、率直に言って、これほど苦しんでいる人々に「死ぬ権利」を認めないことは残酷に感じるが、私がそう感じた理由には、明らかに、シンガーの文章の上手さも含まれる。すなわち、そこでのシンガーの描写が、まさに高い公共性をもった苦しみの描写になっているからこそ、それを放置することが非情に思われてくる。

だが、本章の議論においては、こうした苦しみの公共化の背後にあるものも見逃せない。公共的に理解される（理解させる）ことがきわめて難しい苦しみがあったとき、その苦しみから離脱するために「理想の自殺」をすることは、社会の同意をなかなか得られない。もちろん、その場合には、命のスイッチの代替物が提供されることもないだろう。私の、私による、私のための死にとって、これは高い障壁となる。

（本章の主旨からは外れるが、安楽死の実情やその是非について話し合う際には、複数の異質な体験談を参照することが必要だろう。その意味で、シンガーの前掲書のほかにここでは、宮下洋一著『安楽死を遂げるまで』[＊4]、児玉真美著『死の自己決定権のゆくえ』[＊5]の二冊を挙げておく。）

第3節　自殺の「他殺」性

未来からの不同意

自殺を試みたが失敗し、数年後、紆余曲折を経て、もう死ぬ気を失った人物。そうした人物は珍しくなく、読者の周りにもきっと居るだろう。では、次のような架空の人物Xについて考えてみよう。

Xは二十歳のとき、熟慮のうえで自殺を試みるが、奇跡的に生き延びる。その後、歳を重ねるにつれて自殺の欲求は薄れ、四十歳となった現在、死にたい気持ちはまったくない。よき伴侶や仕事に出会い、幸福と呼んで差し支えない生活をいまは送っている。

ところが、そのXの前に突然、二十歳のときのXが現れる。自殺に失敗したあの日、Xには数時間の記憶の空白期間があったが、じつはその期間、Xは世界から消えており、二十年後の未来に来ていた。原理はまったく不明だが、短時間だけ未来に行き、また戻ってくるような、タイムトラベルをしていたわけだ。

二十歳のXは四十歳の自分に会い、「おめおめと生きている」と感じて激高する。そして、「あなたは以前、はっきりと、未来の自分を殺す決意をした」のだから、いま自分に殺されても文句はないだろうと述べて、襲いかかる。

若い自分に殺されそうになって、四十歳のXは記憶を取り戻す。たしかにあの日、自分は未来にやって来て中年となった自分を殺そうとした。そうして、相手ともみ合ううちに強烈な目眩《めまい》に襲われ、気がつけば、自殺未遂の状態で病院の治療室に居た。夢だと思って忘却していたが、あれは現実の出来事であり、あの日とは今日であったのだ――。

二十歳のときの自殺が成功していたら、四十歳のXは存在しなかった。これは確実なことである。自殺は、現在だけでなく未来の人生も消してしまう。だが、実際の自殺では、いま見たSF的な想定と異なり、未来の人生を消すことを未来の自分に邪魔されたりはしない。

自殺をめぐる問題の一つは、それが、かなり特殊な意味での「他殺」とも見なせる点にある。二十年後、四十年後、あるいは六十年後の自分は、その心境や生活状況に関して、いまとは別人と言ってよいほど変化している可能性があり、それゆえ、向こうから見れば、若い自分もまた別人である。その別人に自殺されることでいまの自分が消えてしまうなら、それは一種の「他殺」ではないか。

どのような場合に安楽死を認めるべきか、という議論では、現在苦しんでいるだけでなく、その苦しみが将来も続く可能性が高いことが、条件としてしばしば求められる。たとえば、激しい身体的苦痛を伴う致死性の病気にかかっており、有効な治療法がない、といった。これはいわば、自殺を一種の「他殺」にしないための条件と言ってよい。現在における「死にたい気持ち」が未来にもずっと持続・増大し、それゆえ、未来の側からも自殺への同意が得られるに違いないと考えられることが、そこでは求められている。

別人になることを

とはいえ、それが一種の「他殺」であるという側面を、自殺から完全に消すことは難しい。現時点での「死にたい」という気持ちがこの先絶対に変わらないという保証はないし(たとえば画期的な治療法が発明されるかもしれない)、より悩ましい問題として、「自分が自分でなくなっていく」場合をどう考えるべきかという問題がある。

さきほど取り上げた本のなかで橋田壽賀子さんも述べられていたことだが、認知症などによって知力が損なわれ、「自分が自分でなくなっていく」のは、多くの人にとって恐ろしいことだ。自分がいつの自分であるかや、身近な人々がだれであるかが分からなくなったり、あるいは、穏やかだった人物が異様に怒りっぽくなったり——。さまざまな意味で、自分が自分らしさを失い、一種の別人になっていくことは、とくに二種類の恐怖を喚起する。つまり、別人になった自分が醜態をさらすことへの恐怖と、そうなった自分が周囲に迷惑をかけることへの恐怖とを。

こうした恐怖を前にして、自分が別人になる前に死んでおきたいと考える人も多いだろう。このことは、自分の愛する者がたとえ別人になっても生きていてほしいという思いと矛盾しない。たとえば、親子の愛について言うなら、自分の親が別人になっても世話をしてやりたいと思いつつ、自分が別人になったとき子に世話をさせたくないと思うことは、けっして矛盾していないし、それどころか、一つの首尾一貫した愛の在り方とも言える。

さて、いま述べたような意味で「自分が自分でなくなっていく」場合が、自殺の「他殺」性に関して、どのような問題を生むのか。それはもちろん、現在の自分が死にたいからといって、未来の自分がそう考えるとは限らない、という問題だ。現在の自分がどれほど熟慮して死ぬことを決意したとしても、その決意が将来の自分にずっと引き継がれるかどうかは分からない。現在の自分と未来の自分がもし現時点で話し合うことができたなら、その時点で自殺することを未来の自分はけっして許さないかもしれない。

認知症の症状はさまざまであり（そこには幸福な生活もありうる）、以下の想定に適していないので、次の架空の病気を考えよう。その病気にかかると次第に人格に変化をきたし、数年後には高い確率で、きわめて粗暴で身勝手になる。そして、この病気の進行を止める有効な治療法はない。

この病気にかかったある人物が、自分が別人になってしまう前に死にたいと考えたとしよう。その人物にとって、別人になった自分が醜態をさらしたり、多大な迷惑をかけたりすることは、文字通り、死ぬより辛いことである。このとき、その人物は、将来の自分がいまの自分と同じ考えをもつとは期待していない。むしろ、粗暴で身勝手になった自分は、何も躊躇することなく、そのような人物であり続けるだろう。変わってしまった自分を恥じて、死にたいと思うこともないだろう。皮肉なことに、現在におけるその人物がいまのうちに死にたいと思うのは、将来の自分が死にたいと思わなく（思えなく）なる可能性が高いからだ。

自殺が一種の「他殺」性をもつからといって、自殺が絶対的な悪だと私は述べたいわけではない。いま挙げた例のように、未来の自分を消すことを——おそらくその未来の自分は消されることを望まないにもかかわらず——主眼とした自殺というものがありえて、それを「他殺」性のみを論拠に全否定できるとは、私は思わない。他方で、自殺の「他殺」性が、ある種の自殺を禁ずるのに説得的であるのも確かだろう。たとえば、失恋した小学生がそのことを理由に自殺しようとしたなら、それが未来の当人から見てどれほど強い「他殺」性をもつかを、説明したくなるに違いない。

時間化されたパターナリズム

ここまで述べてきたように、善悪を断定する前に、自殺について考えるべきことは多い。まだ書き切れていない論点はいずれどこかに書くとして、いまは次のことを述べて、いったん話を締めくくろう。

自殺の「他殺」性に関して、重要な意味をもってくるのが、パターナリズム（父権主義）の問題だ。ただし、通常のパターナリズムではなく、ある個人のなかで時間化されたパターナリズムの問題である。

通常のパターナリズムについては、こんなふうに定義できる。「立場・知識などにおいて人物Bの上位に立つ人物A（あるいは組織A）が、人物Bにとって有益だという理由で、人物Bの行為に介入・強制をすること」。たとえば、失恋で自殺しようとした小学生に対し、周囲の大人がその自殺を無知ゆえのものとして思い留まらせようとしたなら、それは一種のパターナリズムである。

こうした通常のパターナリズムは、さらに二つに大別される。人物Bが十分な判断力をもたない場合（小学生の例のような）は「弱いパターナリズム」と言われるのに対し、人物Bが十分な判断力をもつ場合は「強いパターナリズム」と言われる。前者は教育の一環として許容されることも多いのに比べ、後者は自由との衝突がしばしば問題視される。安楽死の議論において、成熟した個人に「死ぬ権利」を認めないのは自由の侵害ではないかと言われるとき、批判対象となっているのはこの「強いパターナリズム」である。

では、個人の内部で時間化されたパターナリズムとはどのようなものか。そこでは、介入する人物と介入される人物が同一であり、しかし、その時間的な所在が異なる。そして、介入される人物のほうは、介入の時点に存在していない。というのも、そちらは未来に位置し、それゆえ、まだ不在だからだ。

さきほど見た、自分が粗暴に変わってしまう前に死にたいと考える人物の例は、この種のパターナリズムに対応する。しかもそれは、個人のなかで時間化された「弱い」パターナリズムに対応するものと、現在の自分の目に映るだろう。だからこそ、未来の自分がもし居たら反対されるに違いない、いわば「他殺」性の強い自殺を、一つの倫理的意図をもって実行できるわけである。

現在の自分が死ぬことで未来の自分を消すことは、十分な判断能力をもたない（と、現在の自分が信じる）未来の自分への、第一級の介入である。なにしろその介入は、時間的に完全な一方向性をもっており、未来の側から抵抗をされることはけっしてない。もちろん、周囲の人々がそれを防ごうとすることはあるが、消される当の人物である未来の自分は何もできない。

したがって、この意味での弱いパターナリズムは通常の弱いパターナリズム以上に、それが本当に「弱い」パターナリズムかどうかを繊細に吟味されるべきである。「粗暴になる」という例は、それ自体が公共的な害悪をもった（それゆえ動機の分かりやすい）例であったが、自殺においては、公共的な価値判断を超えた——社会的承認をまず得られない——私的なパターナリズムもありうるからだ。つまり、私の、私による、現在の私のための死が、その現在の私から見た未来の私のための死でもある、そんな自殺は可能であり、個人のなかで時間化された「弱い」パターナリズムはこれに対応する。

注

（＊1）須原一秀『自死という生き方』、双葉新書、二〇〇九年。

（＊2）橋田壽賀子『安楽死で死なせて下さい』、文春新書、二〇一七年。

（＊3）ピーター・シンガー『生と死の倫理——伝統的倫理の崩壊』、樫則章訳、昭和堂、一九九八年。該当の叙述は、第七章。

（＊4）宮下洋一『安楽死を遂げるまで』、小学館、二〇一七年。

（＊5）児玉真美『死の自己決定権のゆくえ——尊厳死・「無益な治療」論・臓器移植』、大月書店、二〇一三年。

第五章　〈ＳＦ〉：タイムトラベルは不可能か

第1節　タイムトラベルを分類する

三つのＳＦ性

「ＳＦ」は「サイエンス・フィクション（科学小説）」の略だが、狭義の科学の枠組みから自由な思索を許す意図で、「スペキュレーティブ・フィクション（思弁的小説）」の略だと言われることもある。そして、『ドラえもん』の著者である漫画家の藤子・Ｆ・不二雄氏は、自作のＳＦ短編群における「ＳＦ」を「すこしふしぎ」の略だと述べた。

　これら三つの「ＳＦ」の理解は、とくに矛盾するわけではない。もちろん、ＳＦ作品ごとにどんなＳＦ性が強いかは異なっているし、ＳＦファンごとにどんなＳＦ性が好きかも異なっているだろう。しかし、科学的であり、思弁的でもあり、すこしふしぎでもあることは可能であって、いくつかの優れたＳＦは、私にはまさにそのようなものに見える。

　そして、ＳＦ的なテーマを扱った学術的な議論においても、これら三つのＳＦ性が並立することは可能だ。たとえばタイムトラベルに関して、それを科学的に検討し、その検討を大切にしつつも哲学的に他の可能性を思弁し、この議論の全体に「すこしふしぎ」を感じることはできる。『タイムトラベルの哲学[*1]』という本の執筆時から二十年近く、私はこの試みを続けてきたが、三つのSF性のどれについても汲み尽くせないものがまだまだある。

SFにおけるガジェット（小道具）として、タイムトラベルほど一般に膾炙《かいしゃ》したものはないだろう。本章ではタイムトラベルを素材にして、先述した三つのSF性をもつ議論の一例を示したい。そうした例を見ることは、SFの他のガジェットを論じる際にも役に立つに違いない。

ところで、タイムトラベルを論じるというと、こんな反応をする人がいる。「タイムトラベルなどできないのだから、そんなことを論じても仕方がない」。「過去をやり直せるようになると、いまを大切にしなくなるから、タイムトラベルはできないほうがよい」。これから確認するように、この二つの反応はいずれも不適切である。というのも、タイムトラベルのある種のものは実現可能であることがすでに分かっているし、他方、タイムトラベルが可能であることが「過去のやり直し」を可能にするかどうかは、一概には答えられないからだ。

じつのところ、タイムトラベルとは何であるかについての各人の理解はバラけており、タイムトラベルを論じる価値があるかどうかは、そこを整理しない限り、はっきりしない。そして、たとえ、タイムトラベルのある種のものが不可能であると分かっても、宇宙の時間―空間がそれを不可能にするような構造をもっていると知ることは、学問的にひじょうに価値が高い。

過去か未来か

タイムトラベルを分類せよ、という課題には、いくつもの回答がある。たとえば、人物のタイムトラベルとそれ以外とを分類することができ、後者はさらに、通常の物体のタイムトラベルとそれ以外（情報のタイムトラベルなど）とに分類できる。もちろん、これらの分類をより細分化することも可能だ。そして、なかでも次のようなものが、とくによくある回答だろう。タイムトラベルをする主体は、通常の時間経過ではたどり着けないある時点に到着するわけだが、その到着時点が未来ならそれは未来へのトラベルであり、過去ならそれは過去へのトラベルである――。

タイムトラベルの行先が未来か過去かによる分類。これは明快なものに見え、事実、きわめて多くの機会にこの分類は使用されている（私自身も前章で「未来に行く」タイムトラベルを素描した）。だが、この分類は本当は、見た目ほどすっきりとしたものではなく、タイムトラベルとは何かを考えていくにつれ、「未来に行く」あるいは「過去に行く」という表現の曖昧さが気になってくる。

ある場所から「東に行く」とは、出発時点より後の時点で、出発場所より東にいることだ。では、「未来に行く」とは？　出発時点より後の時点で出発時点より後にいること？　しかし、これはトートロジー（同語反復）であって、当たり前のことではないだろうか。そして、「過去に行く」というのが、もし、出発時点より後の時点で出発時点より前にいることならば、それは単純な矛盾であり、不可能ではないだろうか。

哲学者のデイヴィッド・ルイスは、タイムトラベルを扱った論文でこんなことを書いている。[*2]ある人物が一時間をかけてタイムトラベルをしたとしよう。このとき、到着した時点は、出発時点の一時間後ではない。それが未来へのトラベルであるなら、出発時点の一時間後よりもさらに後に到着するだろう。それが過去へのトラベルであるなら、出発時点の一時間後よりも前に到着するだろう。遠い過去へのトラベルにおいては、出発時点に対してさえ、その前に到着するはずだ——。

タイムトラベルにかかる時間と、出発時点から到着時点までの時間的な隔たり。ルイスは前者を「個人時間（personal time）」、後者を「外的時間（external time）」と呼ぶものによって計るが、これらの区別は有益である。しかし、ルイスが過去へのトラベルについて述べていることには、疑問もある。

彼の叙述を文字通りに読めば、過去へのトラベルのなかには、出発時点より後に到着するものも含まれる。たとえば、一時間ぶんの個人時間をかけて、外的時間における五分後に到着するようなものが。『ドラゴンボール』(鳥山明、集英社)という有名な漫画に「精神と時の部屋」というものが出てくるが、あれは、その良い例だ。この部屋で一年を過ごしても、外では一日しか経っていない。

『ドラゴンボール』の登場人物たちは、「精神と時の部屋」を使って過去に行けるとは考えていない。おそらく、本書の読者の多くも同様の意見をもつだろう。この部屋の内外の時間経過にどれほど違いがあったとしても、到着時点(退室の時点)は出発時点(入室の時点)より外的時間においても後であり、これを過去へのトラベルと解釈するのは不自然である。

ところが面白いことに、部屋の内外の時間経過を入れ替えると、それは未来へのトラベルに見える。たとえば、私がある部屋で一日を過ごすと外では一年が経っていた場合、私はその部屋の出入りによって未来に行ったと解釈できる。ここにある非対称性は、過去に行くことと未来に行くことが——少なくとも、いま述べた意味でのその二つが——たんなる逆方向への移動ではない、という事実を私たちに気づかせてくれる。

時空の目盛

私がある部屋のなかに入り、そこから出てくるという例について、その入室を出来事A、退室を出来事Bと呼ぶことにする。AとBとの時間的距離が、個人時間と外的時間のそれぞれにおいて異なっているとき、それは一種のタイムトラベルと見なせる。とくに、個人時間における時間的距離のほうが外的時間におけるそれより短いなら、私は部屋の出入りによって未来にトラベルをしたと言われるだろう。

だが、これとは反対に、外的時間における時間的距離のほうが個人時間におけるそれより短かったとしても、先述の通り、私が過去にトラベルをしたと解釈するのは難しい。この場合には、外的時間の基準となっている対象X（たとえば地球）が、私に対して未来にトラベルをしたとは言えるが、だからといって、私が過去にトラベルをしたとは言えないわけである。何かが私に対して東に移動したなら、私はその何かに対して西に移動したことになるが、未来へのトラベルと過去へのトラベルとのあいだに、こうした単純な関係は成り立たない。

なぜ、そうなのか。その理由は、時間的距離の差異によって意味づけられたこのタイムトラベルが、未来への動的な方向性を要請しない点にある。時間ではなく空間の距離でまずは考えてみよう。二つの出来事の空間的距離が、個人空間（そのようなものが仮にあるとして）において、外的空間におけるそれより短かったとする。これは興味深い現象であるが、しかし、その現象は動的な方向性を要請しない。

方眼紙のように、空間上に目盛が敷き詰められており、二つの出来事の空間的距離はこの目盛によって計られるとしよう。すると、いま見た現象は、個人空間における目盛のほうが外的空間におけるそれよりも広い間隔をもつこととして理解できる（目盛の間隔が広がると計られた距離は短くなる）。もし、このようなことがあったとしても、何かがたとえば東の方向により速く移動した、などとは言われない。

時間的距離のズレについても、話の構造は同様だ。さきほどの入室・退室のような、私が未来にトラベルをしたと一般的に解釈される事例でも、その現象は本当は、動的な方向性抜きで理解できる。個人時間における目盛のほうが、外的時間におけるそれより広いこと。このことこそが必要なのであり、何かがより速く未来に行くことで時間的距離のズレが生じたのではない。

では、一般的な解釈において、「未来に行く」という動性はどうして現れたのだろう。それは、先記の現象を常識的な時間観のもとで捉えたとき、時間の流れへの直観が無断で持ち込まれたことによる。つまり、私も対象Xもともに未来に進んでいるという直観が、個人時間における時間的距離の短さを、「私がより速く未来に進んだ」結果として解釈させてしまうわけだ。

第一章を読まれた方なら、移り行く「今」(時間の流れ)への謎めいた直観がここに再来していることが分かるだろう。物理学の世界では——先述の通り、多くの研究者の解釈によれば——この直観は排除されており、すなわち、時間は流れていない。だとすれば、「より速く」未来に進むといっても、通常の時間の流れ(いったい、それは何だろう?)を追い越して未来に行くなどということはありえない。次節では、この点をふまえて、相対性理論とタイムトラベルとの関係を見ることにしよう。

第2節　タイムトラベルの物理

ウラシマ効果

改めて、何らかの二つの出来事AとBを考えよう。たとえば、私の誕生と私の死のような。前節では、AとBとの時間的距離が、ある時間のもとで計られた場合と別の時間のもとで計られた場合とでズレる現象を取り上げ、その現象が未来へのタイムトラベルとして解釈される理由を述べた。

アインシュタインの相対性理論によれば、素早く運動する物体は未来にタイムトラベル

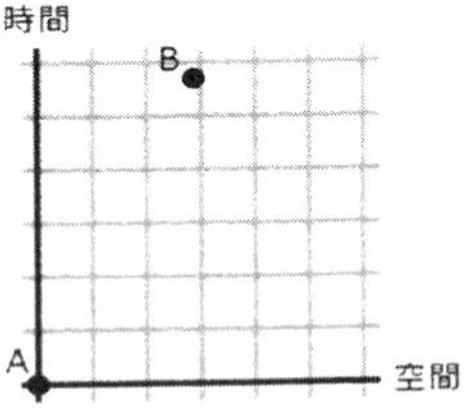

図1

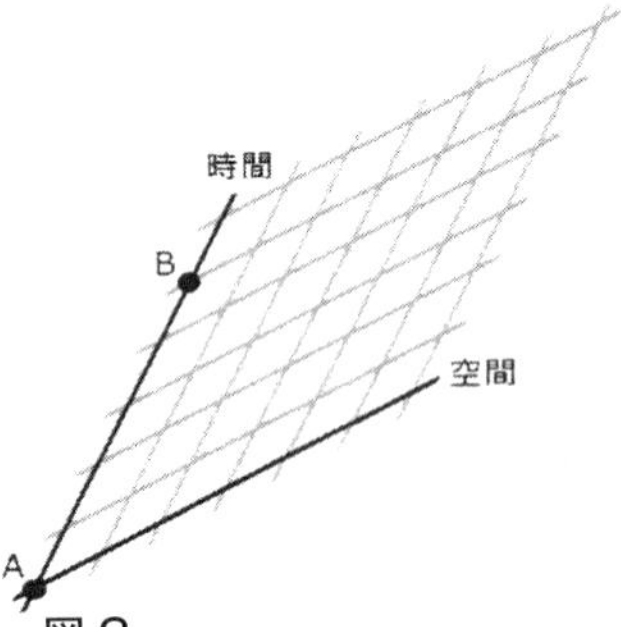

図2

をする――。これはよく聞く話だが、そこで想定された現象は前段落で記した現象の一種であり、あくまで原理的に言えば、運動はべつに「素早く」なくてもよい。ただ、運動が速ければ速いほど、タイムトラベル（と解釈可能な現象）の効果は強まる。

図1は、水平の向きに空間の座標を、垂直の向きに時間の座標を取った図であり、出来事AとBが位置づけられている（Aはちょうど原点にある）。空間には三つの次元があるが、ここでは分かりやすいように、その一次元だけが描かれている。時間的距離や空間的距離は方眼状の目盛で計ることができ、AとBとの時間的距離は図1だと5単位時間よりも大きい。

次に図2を見てほしい。こちらでは、空間軸と時間軸が扇《おうぎ》を途中まで畳んだように変形しており、目盛の間隔も右上方向にやや広がっている。図2の原点は図1の原点と同じ位置を示しており、AとBも両方の図で同じ位置に記されているが、図2では座標軸（および目盛）の変形によって、AとBとの時間的距離はちょうど5単位時間になっている。図1のもとでその距離を計った場合より、短くなっているわけだ。

相対性理論の帰結の一つは、系の運動状態に応じて、いま見たような座標軸の変形が生じるというものだ（正確には、それは変形ではなく変換であり、「ローレンツ変換」と呼ばれている）。さきほどの図1が、Sという慣性系——慣性の法則が成り立っている系——を直交座標系で表したものだとしよう。そして、AからBへと等速直線運動をしている観測者にとっての慣性系S′を考える。すると、図1の座標系から見たS′系の座標軸は、図2のように変形して描かれることになる。なお、ここでは、等速直線運動が光速の半分の速度である場合を図示したが（光速が四五度の傾きで表される単位系を用いて）、等速直線運動の速度が大きければ大きいほど、空間軸と時間軸はより狭く折り畳まれ、目盛の間隔はより広くなる。反対に、等速直線運動の速度が小さければ、座標軸の変形はわずかになるが、それでも変形をすることには変わりない。

座標軸の変形によって、同じ二つの出来事にもかかわらず、それらの時間的距離が異なって計られる——。こんなことを言われると、同じ絵画でもその印象は見る人によって異なるといった相対性が思い浮かぶかもしれないが、相対性理論における相対性とは、こうした主観的な印象の違いによるものではない。客観的な事実として時間的距離は相対的なのであり、たとえば、それぞれの系に精巧でそっくりな時計を置くことで、時間的距離のズレはきちんと計測できる。

さて、以上の話によれば、自宅の近所を私が散歩するだけで、私は静止した自宅に対して未来にトラベルをしていることになる。実際にそうは感じないのは、この散歩による時間的距離のズレが本当にごくわずかだからだ。じつのところ、私が航空機なみの速度での散歩をできたとしても、そのことによる時間的距離のズレは、普通の腕時計では計れないほどに小さい。

では私が、光速の八〇パーセントの速度（約二四万キロメートル毎秒）で散歩をできたとしたらどうか。私が自宅を出て、私にとって六〇分の散歩を経て自宅に戻ると、自宅では一〇〇分が経っている。もし、光速の九九・九九九九パーセントの速度で同様の散歩をしたなら、私が自宅に戻ったとき、自宅では約一ヵ月が経っている。その場合、私の心身や所持品は六〇分ぶんの変化を被るのに対し、自宅内のあらゆる物品や、ずっとそこに居る猫は、約一ヵ月ぶんの変化を被ることになる。

こうした現象は「時間の遅れ（time dilation）」と呼ばれ、日本では、『浦島太郎』になぞらえた「ウラシマ効果」との俗称もあるが、それが実際に生じることは幾度も厳密に確かめられている。つまり、この意味での未来へのトラベルは、論理的に可能なだけでなく、実現可能でもあるわけだ。もちろん、人間に関しては、ウラシマ効果が実感できるほど素早く移動する手段がない、という別の問題はあるけれども。

論理的可能性

「時間的距離のズレ」について前節で述べた意味において、ウラシマ効果は未来への動的な方向性をもたない。二つの出来事の時間的距離が系によって異なり、そしてそれに対応して、事物の変化量も異なるという現象。これを説明するうえで時間の流れは必要とされず、それゆえ、タイムトラベラーにとっての時間の流れがゆっくりになる、といった動的な説明は、あくまでも比喩的なものとなる。

結局、ここで想定されている現象は、「今」という時にまったく関わらない。タイムトラベラーにとっての「今」が通常の「今」よりも速く未来に進むとか、現在から未来に飛び移る、といった現象は論じられていない。もちろん、そのことは不備ではなく、ただ、「未来へのトラベル」という表現から連想されがちな現象の一部は、ウラシマ効果と無関係だということである。

同じことは、過去へのトラベルについても言える。「今」が時間軸上を逆走したり、過去に飛び移ったり、輪になった時間軸上を永久に周り続けたりといった、「今」の動性に関わる現象は、相対性理論に基づく過去へのトラベルと関係がない（解説の際の比喩として、このような表現が用いられることはあるが）。

相対性理論によれば「光速よりも速くなることができれば、原理的には、時間は逆もどりする」[＊3]などと言われることがあるが、その意味合いを簡単に確かめておこう。さきほどの図1と図2の各々において、同時刻を表す線は、各々の空間軸に平行な線として表される。すなわち、S系とS′系とのあいだで同時刻は相対的である。では、S系から見て「以前から以後へ」と、ある物体が時空点Pから、光速より速い運動を始めたとしよう。このとき、その運動はS′系から見て「以後から以前へ」の運動になっていることがありうる（まさに同時刻の相対性によって）。このような運動がもしできたなら、今度は、S′系から見て「以前から以後へ」向かい、かつ、S系から見て「以後から以前へ」向かうような、光速を超えた運動で「折り返す」ことで、その物体はPに対し、その因果的な過去——因果的な影響を与えうる過去——にたどり着く可能性がある。

　とはいえ、これもまた相対性理論の帰結の一つであるが、光速未満の運動体（もちろん、われわれ人間も含まれる）をどんなに加速しても光速を超えることはない。では、クルト・ゲーデルやキップ・S・ソーンといった著名な研究者たちが過去へのトラベルの解を示したと、ときに言われるのはどうしてだろうか。その答えをひとことで言えば、仮定された特殊な条件下にある湾曲した時空のもとでなら、光速より遅い運動体でもいわば「近道」を通ることで、他の経路を進む光より早く目的地にたどり着ける、という可能性を彼らが示したからだ。彼らは、この「近道」を利用して、ＣＴＣ（Closed Timelike Curve 閉じた時間的曲線）と呼ばれる運動の軌跡を、数学的な解として示した。ＣＴＣでは、ある時空点からその時空点自身へと運動の軌跡が繋がっている。

ちなみに、ゲーデルの解(＊4)においては、宇宙全体がたいへんな速度で回転しているとされる。ソーンらの解(＊5)においては、ワームホールという一種の時空的なトンネルが想定され、その片方の口が光速に近い速度で動かされる。このほか、たとえばＪ・リチャード・ゴットらの解(＊6)では、無限に長く、恐ろしく重い、宇宙ひもと呼ばれるものが二本あり、両者が光速に近い速度ですれ違うことが求められる。仮定された条件はさまざまだが、それらはいずれも相対性理論に従う時空を湾曲させ、「近道」を作るためのものである（より詳しい解説としては、いま名を挙げたゴットによるもの(＊7)をとくにお薦めしたい）。

それゆえ、ここでは二つのことをおさえておく必要があるだろう。まず、相対性理論に基づく過去へのトラベルは、未来へのそれ（ウラシマ効果）と異なり、実際にそのような現象が観測されているわけではない。現実味の薄い特殊な仮定のもとで論理的可能性が示されているにすぎず、実現可能性は謎のままである。そして第二にそのトラベルは、先んじて述べたように、「今」の動きと関係がない。この点については以下で、もう少し詳しく見ることにしよう。

順序の逆転

　二つの出来事AとBについて、「今」の動きに関わらない、それらの時間的関係を考えよう。まず挙げることができるのは、AとBとの時間的距離である。それを時計で計るとき、私たちは何らかの周期運動（もしクォーツ時計なら水晶の振動）に注目し、AとBのあいだにその周期運動が何回含まれるかを計測するのであって、「今」の動きを計測するわけではない。そしてウラシマ効果とは、異なる系で計られたAとBとの時間的距離にズレが生じる現象であった。

　では、時間的順序はどうか。AとBとの順序について、どちらが以前にあり、どちらが以後にあるかは、「今」の動きと無関係だろうか。「以前」とは「今」がやって来る方向であり、「以後」とは「今」が向かっていく方向であるとしたら、以前も以後も「今」の動きと関わりをもつはずだ。

　しかし、以前・以後は、空間における左・右のように便宜的に定められた方向性かもしれない。あるいは、もし、以前・以後に何らかの絶対的な方向性があっても、その方向性は「今」と無関係な基準によって与えられたものかもしれない（ここには、「時間の矢」と呼ばれる、独立の大きなテーマがある[*8]）。

これらの可能性はともに興味深いが、本節の問題関心にとっては次のことが重要だ。時間にもし絶対的な方向性がなくても、そして「今」を無視しても、ある系にとってのAとBの順序が、他の系にとってのそれと逆転していることは意味をもてる。たとえ、そこでの以前・以後が便宜的に決められたものであっても、ある系から見てAの以後にBが、他の系から見てBの以後にAがあるなら、そこにはたしかに逆転が存在する（このとき、本当の以後はどちらか、という問いに答える必要はない）。

CTCとしての過去へのトラベルは、まさにこのような意味での逆転として理解することが可能である[*9]。だから、もし望むなら、それを「過去へのトラベル」と呼ばないことには一定の意義がある。「今」の動きを捨象して、時空上の運動の軌跡（軌跡そのものは動かない）から先記の逆転を読み取るなら、「今」であった時としての過去は、もう無関係となるからだ。

第3節　時制《テンス》とパラドックス

テンスレストラベル

本章の導入で、私はこんなふうに述べた。タイムトラベルを未来へのトラベルと過去へのトラベルとに分類するのは、明解なようで曖昧であると。ここまでの話を読まれた方なら、そう述べた理由が分かるだろう。

重要なのは、タイムトラベルと「今」との関係であり、前節で確認した通り、ある種のタイムトラベル（とりわけ相対性理論に基づくもの）は「今」と無関係であった。それも、「今」が動かないという意味においてではなく、「今」がそもそも不要であるという意味において。

ところが、未来へのトラベルと過去へのトラベルという分類は、「今」が未来や過去に向かって動くような現象を連想させるため、この分類を出発点とするのは概念的な混乱のもとになる。たとえば、ウラシマ効果を未来へのトラベルの括《くく》りに入れることで、ウラシマ効果では「今」がより速く動くといった誤解が生じたりするわけだ。

そこで次のような分類を考えよう。タイムトラベル全体を、その定義に「今」が必要なものと、そうではないものとに分類する。そして前者を、テンス（時制）に関わるという意味で「テンストラベル」と呼び、後者を「テンスレストラベル」と呼ぶことにする。

テンストラベルに関しては、まずは直観的な説明しかできない。そこでの主役となる「今」が、厳密には何なのか分からないからだ（第一章で見た通り）。しかし、このことをもって、テンストラベルという括りが無価値になるわけではない。この括りはタイムトラベルの理解を整理するためのものであって、それゆえ、タイムトラベルについての常識的な理解が「今」の分からなさを含む以上、その分からなさをいったん引き受けてくれる括りにも価値があるからだ。

時間の流れというものがあり、時間軸上の「今」の移動としてそれを表象できると仮定しよう（私たちの常識は、このような表象にしばしば訴える）。すると、テンストラベルとは、「今」が通常とは違った仕方で時間軸上を動く現象となる。つまり、本来進むよりも速く「今」が未来に移動したり、あるいは「今」が過去に移動したり、といった。これらは厳密にはナンセンスかもしれないが、少なくともSF作品のなかでは、しばしば描かれてきた現象である。

他方、テンスレストラベルについては、テンストラベルより明解に二種類のものを示すことができる。出来事AとBについて、それらの時間的関係を捉える二つの時間が存在するとき、それぞれの時間において――時間的距離を計測する「目盛」の間隔が異なるために――AとBとの時間的距離がズレるなら、それは一種のタイムトラベルだと言える。あるいは、同様の前提において、AとBとの時間的順序が異なるなら、それもまた一種のタイムトラベルと見なせる。便宜的に、前者を「間隔トラベル」、後者を「順序トラベル」と呼ぶことにしよう。

すると、種々のタイムトラベルは次のように整理することができる（左頁図参照）。テンスレストラベルのなかには間隔トラベルと順序トラベルとが含まれ、その各々に、前節で解説したウラシマ効果とCTCとが位置づけられる。

一般的な解説において、ウラシマ効果は相対性理論に基づく未来へのトラベル、CTCは相対性理論に基づく過去へのトラベルとして紹介される。これはけっして間違いではないが、両者がテンスレストラベルの下位区分であることからも明らかな通り、これから「今」になるものとしての未来や、すでに「今」でなくなったものとしての過去と、両者は本当は関係がない。

タイムパラドックス

ここで注目したいのは、いわゆるタイムパラドックスの問題だ。過去にトラベルをした

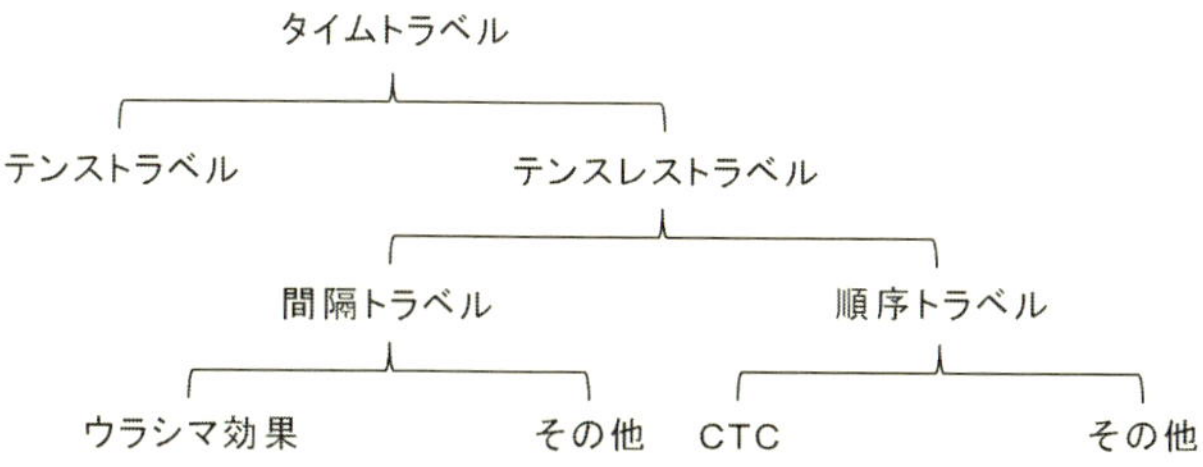

私が、少年時代の自分の祖父に会い、彼が子どもをもうける前に殺してしまったとしたらどうか。その殺害がなされたなら私は生まれてこなかったはずだが、だとすると、祖父は私に殺されなかったはずだ——。これは、「祖父殺しのパラドックス」と呼ばれる、タイムパラドックスの代表例である。

　ここで想定されている現象を、まずは順序トラベルとして理解してみよう。すると、「今」であったときとしての過去は、その説明から消すことができる。そのとき求められるのは、外的時間と私にとっての個人時間とのあいだに、私や祖父に関わる出来事の順序の逆転が存在していることだ。たとえば私の個人時間では、外的時間とは反対に、私と少年時代の祖父との出会いは私の誕生よりも後に在る。

　しかし、順序トラベルとしてこの現象を捉えたとき、その意味で過去に行くことが、出来事の内容の「書き換え」に繋がるのかどうかは疑問である。順序トラベルは、それぞれ同一である諸出来事の順序に逆転が生じる現象のはずであり、だとすれば、ある時点において生きていた祖父を、死んでいたことに書き換えるという話は、順序トラベルからは出てこない。それよりもずっと整合的なのは、私はたしかに少年時代の祖父を殺そうとしたものの、その試みは失敗に終わった（私が存在する以上、成功することはありえなかった）、という設定で話を進めることである。

過去／今／未来の違いに関わらない一般論として、私たちは、ある出来事を別の出来事に変えることはできない（哲学者のマイケル・ダメットは、過去を変える（change）ことと過去をひき起こす（bring about）ことの区別をもとに、この点を詳述した）[*10]。「過去は変えられないが、未来は変えることができる」といったよく聞く言説も、未来の特定の出来事を別の出来事に変えられることを意味してはいない。それはせいぜい、「現状のままだと高確率で実現しそうな未来の出来事に関して、それとは違った出来事をひき起こすような行動をとれる」ということを意味するものである。

以上を考え合わせると、順序トラベルによって過去に行くことは（特殊な別の条件がない限り）祖父殺しのパラドックスをひき起こさない。祖父の人生は一通りしかなく、タイムトラベルによってその人生は、いかなる意味でも書き換わりはしない。私が順序トラベルによって少年時代の祖父に会ったなら、祖父はもともと少年時代に私に会っていたことになる。とはいえ、この「もともと」は、本当は無意味な表現であり、私と少年時代の祖父との対面が二度生じるわけではない。順序トラベルはテンスレスであり、一度「今」であった過去がもう一度「今」になるわけではないからだ。

「もしも過去に行けたなら、一度生じたのとは別の歴史を作り出すことができるはずだ」という直観は、何か不安定な前提に基づいている。その前提のかなりの部分は、順序トラベルにテンストラベルが混入したことで得られたものだろう。本章の締めくくりに、この混入について考えてみることにしたい。

「今」の独占

テンストラベルは、それ自体としては、何の痕跡も残さないように見える。再生中の映画のフィルムを冒頭に巻き戻したとしても、映画の内容はいっさい変化せず、登場人物も巻き戻しに気づかないのと同様、「今」が過去に移っても、世界の内容はいっさい変化しない。もちろん、記憶や所持品が「今」とともに過去に移ることもない。(未来へのテンストラベルについても同様。)

順序トラベルにテンストラベルが混入した場合も、基本的にこのことは変わらないはずだ。つまり、外的時間と個人時間とのあいだで諸出来事の順序が逆転するという現象に、「今」の移動を重ね合わせたとしても、出来事の内容は変わらないはずである。

しかし、ここで二つのことを考慮する必要があるだろう。一つは、テンストラベルと未来の未決定性の問題である。そして第二の問題は、テンストラベルの混入によって「今」は個人時間に独占されるのかというものである。

過去はすでに決定済みだが、未来は未決定であり、さまざまな可能性をもっている――。専門的な議論を措《お》くなら、これは今日の私たちにとって、常識的な見解だと言ってよい。とはいえ、この見解をとるなら、テンストラベルは世界の内容を、特殊な意味で激変させるかもしれない。「今」がいつかが変わることで、未決定である歴史の範囲が変化することになるからだ。

次に、テンストラベルの混入の際、「今」がどう動くかを考えてみよう。少年時代の祖父のもとへと私が旅立ったあとで、外的時間と個人時間のどちらのもとで「今」は進むのだろうか。映画や小説においては大抵、タイムトラベラーの目線から話が語られるため、あたかも個人時間のほうに「今」が独占されたように見える。だからこそ、その「今」にとっての未来は、常識的な見解のもとで未決定であると感じられるわけだ。先述の「不安定な前提」は、このようにしてできあがる。

これが不安定であるのは、そこには説明されていない多くの論点があるからだ。たとえば、私が旅立ったのち、外的時間を進んでいた「今」はどうなってしまうのだろうか（消えるにせよ消えないにせよ、やっかいな哲学的問題が残る）。あるいは、私が着いたのが可能的な別の歴史だとすれば、どうしてそれは過去へのトラベルだと言えるのか（そちらの歴史と、もと居た歴史の時間的関係が定まらないなら、それはタイムトラベルではなく、他の可能世界へのトラベルになってしまう）。これらの論点に興味がある方は、拙著『新版　タイムトラベルの哲学』（ちくま文庫）を——「新版」だけの補章も含めて——ぜひ読んでみて頂きたい。

注

（＊1）青山拓央『タイムトラベルの哲学』、講談社、二〇〇二年。増補改訂した『新版　タイムトラベルの哲学』を二〇一一年にちくま文庫より刊行。

（＊2）Lewis, D. (1976). The paradoxes of time travel. *American Philosophical Quarterly*, 13 (2), 145–152.

（＊3）次の一〇四頁より引用。J・リチャード・ゴット『時間旅行者のための基礎知識』、林一訳、草思社、二〇〇三年。

（＊4）Gödel, K. (1949). An example of a new type of cosmological solutions of Einstein's field equations of gravitation. *Reviews of Modern Physics*, 21 (3), 447–450.

（＊5）Morris, M. S., Thorne, K. S., & Yurtsever, U. (1988). Wormholes, time machines, and the weak energy condition. *Physical Review Letters*, 61 (13), 1446–1449.

（＊6）Gott, J. R. (1991). Closed timelike curves produced by pairs of moving cosmic strings: exact solutions. *Physical Review Letters*, 66 (9), 1126–1129.

（＊7）本章の前掲の注で挙げた『時間旅行者のための基礎知識』。同書が入手困難な場合は、次の共著の第三部でもよい。ニール・ドグラース・タイソン＋マイケル・A・ストラウス＋J・リチャード・ゴット『宇宙へようこそ――宇宙物理学をめぐる旅』、松浦俊輔訳、青土社、二〇一八年。

（＊8）時間の矢の問題については、たとえば、次の二冊が参考になる。P・ホーウィッチ『時間に向きはあるか』、丹治信春訳、丸善、一九九二年。ピーター・コヴニー＋ロジャー・ハイフィールド『時間の矢、生命の矢』、野本陽代訳、草思社、一九九五年。

（＊9）本章の末部で挙げた「新版」の補章を参照。

（＊10）Dummett, M. (1964). Bringing about the past. *Philosophical Review*, 73 (3), 338–359.

第六章　〈責任〉：それは、だれかのせいなのか

第1節　責任の一部を受け渡す

責任転嫁

どんなことでも、ひとのせいにできる。「せいにする」という表現に、非常識なほど広い意味を与えれば。

ある人物が何らかの失敗や悪事をなしたとして、それを「X」と呼ぶことにしよう。そして、過去に他のだれかがあることをしなければ、Xは生じなかったとする。もし、これだけの条件から、Xをなした責任をそのだれかに押しつけられるなら、どんなことでも責任転嫁できそうだ。たとえば、私の両親が付き合わなければ私は生まれなかったのであり、私のいかなる行為もなされることはなかった。それゆえ、先記の条件のもとでは、私のなした失敗や悪事はすべて両親に責任転嫁できる。

この種の思考の馬鹿ばかしさは、時間をたくさん遡ると、より明らかになってくる。徳川家康が天下を獲らなければ、日本の歴史は大きく変わり、おそらく私は生まれていなかった。神がもし世界を創造したのであれば、その創造がなかったら、やはり私は生まれていなかった。だからといって私の失敗や悪事を、家康や神に責任転嫁するのは、明らかに非常識である。私たちは普段、責任の概念をそんなふうに乱暴には使用していない。

だが、それでは改めて責任とは何かを問うてみると、これはたいへんな難問だ。いまは問題を絞り込み、「過去にだれかがあることをしなければ、Xは生じなかった」とき、Xの責任をそのだれかに負わせることが適切な場合と、そうでない場合との違いを見ることにしよう。

歩行者がバスにひかれて怪我をした、という状況を考えよう。バスのドライバーが信号無視をして交差点に入り、その結果、歩行者がひかれてしまったなら、ドライバーには事故の責任がありそうだ。ドライバーが信号無視をしていなければ、事故は起きなかっただろうから。とはいえ、この説明のみでは、ドライバーの両親や家康に責任転嫁できない理由が分からない。

このドライバーに責任があるのは、信号無視が規則違反であるから――。これはまったく単純な意見だが、じつは無視できない深みをもっている。それについては後述するとして、この事故の状況に関する、いくつかのバリエーションを挙げてみよう。

（1）ドライバーが信号無視をしたのは睡眠不足のせいであり、睡眠不足となったのは、ある芸能人が結婚したことにショックを受けたためである。

（2）ドライバーが信号無視をしたのは睡眠不足のせいであり、睡眠不足となったのは、昨夜遅くまで隣家が騒がしかったためである。
（3）ドライバーが信号無視をしたのは突然の睡魔のせいであり、その睡魔に襲われたのは、医者が間違って注射した薬の副作用のためである。
（4）ドライバーが信号無視をしたのは、減速しすぎると爆発する爆弾が――映画の『スピード』のように――バスに仕掛けられているのを知ったためである。

これら四つの状況に関して、ドライバーが負うべき責任の重さは異なっていると思われるだろうか。もし、そう思われるなら、いずれかの状況において、ドライバーの責任の一部をだれかに受け渡すことは適切だろうか。

万人が同意する答えを、こうした問いに与えることは難しい。しかし、おそらく多くの方が、四つの状況のいくつか（あるいは全部）についてドライバーの責任に違いがあると感じるだろう。いまから考えてみたいのは、各状況におけるドライバーの責任にもし違いがあるとすれば、それは何によってか、である。

規則とタイプ

何らかの規則に違反している場合、そのことによって違反者に責任を帰すのは、単純ではあるが説得的である。信号無視をしたドライバーは、まさに信号を無視したことで、一定の責任を負わねばならない。だが、たとえば（４）の状況では、バスに爆弾を仕掛けた犯人こそ、より悪質な規則違反をおかしていると考えられるだろう。そして、ドライバーによる規則違反は、爆弾犯による規則違反によって強制されたものと見なすことができ、そのことはドライバーの責任の軽減に繋がる。

さて、規則のもとで何かが禁じられるとき、そこにはどんな根拠があるのだろう。信号を無視したり、爆弾を仕掛けたりすることを、禁止する規則がなぜあるのか。入り組んだ説明はさておき、ごく基本的な理由を述べるなら、それらの行為は他者を害する可能性が高いからである。そして、その可能性の高さは、あるタイプの行為がどんなタイプの結果をひき起こしやすいかについての、タイプ的な知見をもとに理解されている。

だから、個別のXへの思考は、Xを取り巻く規則への思考と、ときに切り離すことができる。現実に生じたXに関し、その個別的特性を細かく探っていくと、規則を根拠づけるタイプ的な知見から逸脱することがあるからだ。

（１）の状況を例にとるなら、現実に生じた交通事故は、ある芸能人が結婚したことをやはり原因としているかもしれない。あの個別の結婚は、ドライバーの個別の心身状態に作用して、あの個別の交通事故をひき起こしていたのかもしれない。だが、そこにはタイプ的な知見が公共的に確立されておらず、そうした知見に基づいた規則も制定されていないため、交通事故の責任をその芸能人に帰すのは無理である。

（同じことを逆の方向から言うなら、「芸能人の結婚による翌日の交通事故」が、あちこちで何度も起きていたなら、そこにタイプ的な繋がりがあることはいわば常識となるのであり、交通安全のために芸能人の結婚を禁止する規則が制定されてもおかしくない。）

以上のことから言えるのは、大多数の人と異なる感受性をもった人は、規則を味方につけにくい点で生きづらいであろう、ということである。仮に、その感受性に私的なタイプ性があったとしても。たとえば、ある人物は、縞模様を見るとつねに激しい恐怖を感じるとしよう。この人物にとって外出はたいへんなストレスを伴うが、だからといって、そうしたストレスを減らすべく、縞模様の服を着た人々や、縞模様の壁の設置者などを、規則のもとで糾弾することはできない。

ようするに、規則を根拠づけてくれるタイプ的な知見とは、多くの人々に共通して見出されたものでなければならない。ある個人の生活史のなかでタイプ的に見出されたものでは足りない。ここには、規則を味方につけて生きていかざるをえない私たちにとっての、規則以前の規則が存在する。それはつまり、個々の規則に目を向ける以前に、「私」は多くの人々と同じような人間でなければならない、という規則である。

ある少数派の人々が自らの権利を語るときでさえ、規則以前のこの規則が私たちを縛っていることは間違いない。少数派の権利を重んじた規則改定がなされる際にも、その少数派が、少数派とはいえども大勢いること（たとえばデモができるくらいに）、言い換えるなら、少数派に属する「私」も多数と同じような人間であることが、きわめて重要になってくる。[*1] 感受性に関する少数派についても、話はやはり同じであり、真に独異な感受性の持ち主は、規則を味方につけられない。（こうして、ある少数派の内部にも、ノーマライゼーション（等生化）の推進者とその忌避者とが現れる[*2]。）

四つの基準

（1）と（2）の状況を比べたとき——交通事故の責任を転嫁することはできないにせよ——（2）のほうにより多くの人が同情するとすれば、その理由は何だろうか。それは、深夜の喧騒と睡眠不足との繋がりを多くの人が認めているからだ。深夜の喧騒は一般的に近所迷惑なものであり、そのため共同住宅などには、それを禁止する規則がしばしばある。他方で、（2）の状況においても責任の転嫁が難しいのは、深夜の喧騒によってドライバーが信号無視を強制された（もしくは余儀なくされた）とまでは言えないためだろう。

（1）や（2）の状況に比べて、（4）の状況ではドライバーの責任がずっと軽減されるように見えるのは、信号無視が強制されたことが、だれの目にも明らかであるからだ。バスに爆弾を仕掛けたことはそれ自体が重い罪であるが、たんに、ドライバーと爆弾犯のどちらの罪が重いかが問題なのではなく、信号無視が爆弾犯によって強制されたものであることが重要である。

それでは、（4）と（3）とのあいだには、どのような違いがあるだろうか。（3）においても信号無視は、医者の投薬ミスによって、かなりの程度、強制されている。信号無視をひき起こした睡魔が突然かつ強烈なものであったなら、信号無視をしないこと（たとえば睡魔に早く気づいて運転自体をやめること）はきわめて難しかっただろう。このことは、（4）と同様、ドライバーの責任を軽減しそうだが、一方で、（4）の爆弾犯と（3）の医者とは大きく異なった責任を負うはずだ。爆弾犯の悪事は意図的であり、また、そのことによって信号無視や交通事故が起きやすくなることを、爆弾犯は十分に予見できたからである。

もちろん、実際の裁判においては、より詳細な事柄が検討されることになる。たとえば、投薬と信号無視との関係をどのくらい立証できるかや、医者はあの投薬ミスをどのくらい予防できたか、等。しかし、いま目を向けたいのは、少なくとも次の四点が責任の軽重に強く関わることだ。

（a）ある行為Xについて、過去にだれかが行為Yをしなければ、Xは生じなかったか。
（b）そのYは、何らかの規則に違反したものであったか。
（c）XはYによって強制されたものであったか。
（d）Yの実行者はXの実現を意図（予見）していたか。

	a	b	c	d
1	○	×	×	×
2	○	△	×	×
3	○	○	△	×
4	○	○	○	○

これら四つの基準をもとに、（1）〜（4）の状況を整理してみよう。行為Xとしてはドライバーによる信号無視（および、それによる事故）を、行為Yとしては各状況における「だれか」の行為を考えることにする。筆者の理解では表のように各状況を整理できるはずだが――「○」と言い切れない箇所は「△」とした――次節ではこの整理をふまえて、さらに先に進んでみよう。

第2節　理想主義と構成主義

仮説を立てる

前節では、ある人物の行為の責任が、他のだれかに（部分的にでも）受け渡される条件を考えた。責任の「転嫁」ではなく「受け渡し」という表現を用いるのは、なすり付けではない正当なものとして、それを捉えたいからだ。

「私」が何らかの失敗・悪事をなしたとき、「私のせいではなく、だれかのせいだ」（もしくは「私だけでなく、だれかのせいでもある」）と説得的に主張し、「私」の責任を軽くすることができるのは、どのような場合だろうか。前節での考察内容をふまえて、次のような仮説を立ててみよう。

〈**仮説**〉

「私」が実際に、失敗・悪事である行為Xをなし、さらに、以下の項目（a）への回答が「イエス」であるとしよう。このとき、Xに関する「私」の責任がより多く他者に受け渡される（そうして「私」の責任が軽くなる）のは、以下の項目（b）、（c）、（d）への回答がより多く「イエス」となる場合である。
（a）過去にだれかが行為Yをしなければ、Xは生じなかったか。
（b）そのYは、何らかの規則に違反したものであったか。
（c）XはYによって強制されたものであったか。
（d）Yの実行者はXの実現を意図（予見）していたか。

これは明らかに暫定的な仮説で、うまくあてはまらない事例もあるだろう。とりわけ、ここでは「イエス」の量だけに目を向け、その質（どのような意味合いでの「イエス」か）を捨象してしまっている。しかし、この仮説が大まかにでも日常的な直観に一致しているなら、それをたたき台とすることで、見えてくる事実があるはずだ。

議論の本筋に入る前に、次のことを述べておこう。この仮説では「責任」という表現をとくに規定なく用いているが、その意味合いによって仮説の評価が変わるとの考えもあるに違いない。殊《こと》に、その責任の軽重は、刑罰の軽重と連動したものなのか。罪の意識の軽重が、刑罰の軽重と合致しない場合（たとえば、友人を救えなかった人物が、それを自分の責任だと考え罪の意識を感じているものの、刑罰とはまったく無関係である場合）、どちらの軽重を責任に紐付けるのか。私はこの点について議論を開いたままにしておくが、

興味のある方は続きを考えてみて頂きたい。(*3)

問いの再考

前節で論じた四つの事例を、再度確認してみよう。ただし、今回はバスのドライバーが「私」であったと仮定する。そして、どの事例でも「私」は、信号無視をしてしまったために、歩行者をひいて怪我をさせたとする。

(1)「私」が信号無視をしたのは睡眠不足のせいであり、睡眠不足となったのは、ある芸能人が結婚したことにショックを受けたためである。

(2)「私」が信号無視をしたのは睡眠不足のせいであり、睡眠不足となったのは、昨夜遅くまで隣家が騒がしかったためである。

(3)「私」が信号無視をしたのは突然の睡魔のせいであり、その睡魔に襲われたのは、医者が間違って注射した薬の副作用のためである。

(4)「私」が信号無視をしたのは、減速しすぎると爆発する爆弾が――映画の『スピード』のように――バスに仕掛けられているのを知ったためである。

大学での学部生向けのセミナー(*4)にて、私の考えは伏せたまま、この事例について自由に話し合ってもらった（受講生に感謝）。その結果、先記の（a）～（d）に対応する各観点が自然に浮かび上がってきたため、私は自分の直観的思考が独りよがりでなかったことに安心したが、同時に、受講生のなかに生じた微妙な直観のズレを興味深いものとして聴いた。

そのズレは、（3）と（4）との比較の際に現れた。受講生のうちの少数の人々が、（3）と（4）とで「私」の責任の軽重は変わらないと述べたのだ（残りの人々は（4）のほうが「私」の責任は軽いと考えた）。そして、このズレがあるにもかかわらず、（4）のほうが他者の責任が重いという常識的な見解については、受講生全員が賛成した。ということは、その少数派の直観に従うなら、（3）と（4）とで責任の全体量は異なっていることになる。

さて、どちらの直観が正しいかは、多数決のみでは決まらないし、現在の関心事でもない。検討してみたいのは、この少数派の直観を何が支えているのかである。

（3）と（4）とで「私」の責任が変わらないと主張した人々は――セミナーでの対話で分かったことだが――先述の四つの項目のうち、（a）、（b）、（c）への回答が（3）と（4）とで一致すると考え、とくに（c）に注目してその主張を述べていた。言い換えると、（d）への回答の違いは「私」の責任に関係がないということである。

ここで私たちはある当然の事実を改めて認識しなくてはならない。「私」の責任が軽くなること、他者の責任が重くなること、そして、「私」の責任が他者に受け渡されることは、それぞれ異なるという事実を、である。（4）の爆弾犯のほうが（3）の医者より重い責任を負うのは、彼ら自身が犯した罪の軽重の違いによるのであって、「私」からどれだけの責任が受け渡されたかによるのではない。

だが、それならば一般論として、「私」から他者に責任が受け渡されることなどないのではないか。一見、「私」からそっくりそのまま責任が他者に渡されたような場合でも、それはただ、「私」の責任の軽減分と他者の責任の加重分が等しく見えるということであって、「私」から他者へと同一の責任が渡されたのではないかもしれない。ちょうど、ディスプレイ上で動くカーソルが、本当は動いてなどおらず、ある場所で消えたカーソル画像と別の場所に描かれたカーソル画像がそっくりであるにすぎないように。

これまでの議論では、責任とは何か、とりわけ、行為者が失敗・悪事の責任を負うのはどのような場合かという、しばしば論じられる問いにあえて正面からは挑まず、「私」の責任を他者に受け渡せるのはどのような場合かを問うてきた。これは面白い問いかけだと思うし、責任とは何かが未回答のままでもある程度論じうるものであるが、同時に、そもそもこの問いかけが本当に有意味かどうかも問う必要がある。すなわち、責任とは人から人へと受け渡すことのできるものなのか。もし、そうではないのだとしたら、まるで、それができるかのような言説を、日常的に耳にするのはなぜか。

対話のゲーム

何らかの失敗・悪事について、その責任追及を始めるとき、責任を負わせる候補者がただ横並びで存在するなら、なすべきは「犯人捜《さが》し」となる。壊れた骨董品を前に、だれが壊したのかを調査するような。しかし、その失敗・悪事に関して、ある個人が明確に強い関連性をもっているとき——たとえその関連性が有責性を保証しなくても——私たちはいったん、その個人の有責性を仮定することがある。たとえば、さきほどの例において、バスのドライバーである「私」はそうした仮定の対象となるだろう。なにしろ、バスのハンドルを「私」が握っていたのだから。

責任の「受け渡し」が本当は不可能だったとして、にもかかわらず、それを示唆する言説が日常的に聞かれるのはなぜか。その主要な理由の一つは、こうした有責性の仮定とそれへの抗弁（仮定された有責性の否定）が日常的であることだろう。そして、その背後にはいわば、責任に関する理想主義と構成主義との対比がある。

各人各様の行為について、各人はどのような責任を負うべきか。比喩としての神の眼から（すべての真理を知る者の眼から）それが定まって見えるとしよう。あらゆる行為に適用可能な、責任の理想的な算出方法が存在すると考えてもよい。このとき、裁判や取り調べを含めた責任帰属のための対話は、理想化されたこの責任を「発見」する手段となる。もちろん誤認は多いだろうが、それはあくまで誤認であり、本当の責任はそれ自体として在るわけだ。

もし、この想定が正しいなら、責任の「受け渡し」はナンセンスなものとなる。すべての行為は初めから何らかの責任と結びついており、たとえば、ある人物の冤罪が真犯人の発見によって明らかになった場合でも、前者から後者へと責任が受け渡されたりはしない。その責任は初めから後者のみに繋がっていたのであり、前者は無関係だっただけのことだ。

他方、責任とは私たちによって構成されるものだと考えてみよう。理想化された真の責任などありえず、裁判・取り調べ等の対話において、責任は構成されるのだと。当然、その構成はだれかが好き勝手になすものではなく、判断基準の公共性や証拠の客観性も重視されるが、さきほど述べた理想的な責任の算出からは遠く隔たる。現実には、あらゆる行為に適用できる公共的な判断基準などないし、真に客観的な証拠がすべて出そろうこともない。

責任が対話による構成物であるとき、私たちは言語を使って責任を「受け渡し」合う。それが押しつけであるか、言い逃れであるか、あるいは正当な受け渡しであるかは、対話のゲームにおいて定まり、そしてゲームセットに向けて、責任は発見ではなく作成される。そこでの責任は動かせるものであり、ときには金銭等への換算を経て、複数人に分配することもできる。

責任が受け渡し不可能なものであるなら、それが可能であるかのような言説を日常的に耳にするのはなぜか。この前掲の問いに対して、責任をめぐる私たちの実践が構成主義的だから、と答えるのは一定の説得力をもつだろう。理想主義に比べて構成主義は、たしかにリアリスティックに見える。だが、私はこの点について、ひとこと付け加えておきたい。実践がたとえ構成主義的であっても、責任への私たちの理念には理想主義的な側面があり、そのことは馬鹿にできないのだと。徹底された構成主義のもとでは、闇に葬られた冤罪というものは原理的に存在しなくなってしまう。このことにつねに脅威を感じ、構成主義のもとで居直らないこと――、これもまた、責任をめぐる私たちの現実に求められたものである。

第3節　非難から修正へ

非難に値する？

責任とは何かという問題は、哲学者にとっては古くからの、そして近年は科学者にとっても重要性を増してきた問題だ。とりわけ脳研究の進歩は、人間の行為が脳活動の産物であることを次第に明らかにし、責任概念の見直しを私たちに迫りつつある。(＊5) 犯罪行為を含めた人間のあらゆる行為が脳によってひき起こされているなら、行為の責任を行為者その人に負わせて非難や処罰をすることには疑問があるのではないか、というかたちで。

神経科学者のデイヴィッド・イーグルマンは、悪事をなした人物が「非難に値する (blameworthy)」かどうかは重要な問題ではない、と述べた。『あなたの知らない脳』(＊6) の第六章で彼は、「神経科学と法律の境界で、脳損傷が関係する事例が頻繁に出るようになっている」(二三二頁) と記し、印象的な複数の実例を挙げている。

たとえば、二十五歳のある青年は、テキサス大学タワーの展望デッキから銃を乱射して、十三名の死者と三十三名の負傷者を出した。彼は理性的な人物だったが、ある時期から、不合理で異常な衝動に襲われるようになり、自分でも脳の異変を疑っていた。そして、展望デッキで射殺されたあと検視解剖された彼の脳には、直径二センチほどの腫瘍が見つかる——。この検視解剖は、彼自身が遺書で要望したものだった。

あるいは、ある中年男性は、過去には関心を示さなかった児童ポルノに急にのめり込み、他の問題行動も起こすようになったが、脳を検査したところ、大きな腫瘍が発見された。手術で腫瘍を取り除いた結果、問題行動は収まったのだが、この事例で注目すべきなのは、腫瘍と問題行動との相関が再度確かめられたことだ。手術から半年後、この男性はふたたび児童ポルノに関心をもつようになるのだが、改めて脳を調べてみると、前回の手術で取り残されていた腫瘍が大きくなっているのが見つかった(それを取り除くことで、今回も、問題行動は収まった)。

イーグルマンはこのほかにも複数の知見を挙げたうえで、次のような自説を提出する。ただし、これは現在の科学から直接的に導かれたものというより、そこに彼の哲学的思考を加えて得られたものだと言ってよい。

「非難に値するかどうかは後ろ向きの概念であり、人生の軌跡となっている遺伝と環境のがんじがらめのもつれを解きほぐすという、不可能な作業を必要とする。[…]「非難に値する」の代わりに用いるべきなのが「修正可能である」という概念である。この前向きな言葉は問いかける。私たちはこれから何ができるのか? 更生プログラムを利用できるのか？［…］できない場合、懲役刑は将来の行動を修正するだろうか？　するなら刑務所に送ろう。刑罰が役に立たない場合、報復のためではなく行為能力を制限するために、国の監督下に置こう。」（二八二―二八三頁）

イーグルマン自身が述べているように、彼はけっして犯罪者を放免すべきだとは考えていない。ただ、遺伝と環境、その結果としての脳の状態をふまえて、「どんな場合も犯罪者は、ほかの行動をとることができなかったものとして扱われるべきである」（二六三頁）と主張する。

「後ろ向き（backward-looking）」、「前向き（forward-looking）」との表現について、補足しておいたほうがよいだろう。これらは、いわゆる気の持ちよう（ネガティブ／ポジティブな態度の違い）ではなく――そのように読ませる意図も見えるが――時間への志向性の違いを表現するものとして、まずは理解すべきである。つまり、思案の中心となる対象を、過去に見出すか、未来に見出すかの違いだ。そこで以下では、「後ろ向き」、「前向き」の代わりに、「過去志向的」、「未来志向的」との表現を用いることにする。

タイプとトークン

イーグルマンの提言は明らかに未来志向的である。これから社会をどうするかに目を向け、犯罪に関して言うのなら、なされた犯罪への非難ではなく、再犯等の予防に力を注ぐからだ。過去のある犯罪について、それが脳の疾患や遺伝的・環境的要因によるものか否かは線引き困難であり、科学がこのまま発展すれば、線引きの基準はどんどん変化する（おそらくは、遺伝的・環境的要因をより重視する方向に）。これはつまり、ある犯罪者が非難に値するか否かは不確定だということであり、それならば、過去ではなく未来を考慮しようとイーグルマンは述べているわけだ。

そのため、この提言への批判は二つの観点からなされうる。未来志向的な観点から内在的に批判するか、あるいは、過去志向的な観点から外在的に批判するか、だ。とはいえ、あとで見るように、この二つの観点を完全に切り離すことはできない。

非難から修正へと私たちの関心を移した際に、それが本当に未来を良くするのかどうかは、議論の余地があるだろう。とりわけ、ある特定の犯罪者がより良い人物になるかどうかではなく、その犯罪者の扱われ方を周囲で見ていた人々が、どのようなふるまいをするかに関して。

ざっくばらんに言ってしまえば、論点は、見せしめの効果にある。犯罪者を非難し、処罰して、その人物が過去に犯した罪を鎖のように当人に巻き付けておくことは、他の人々による未来の犯罪を抑止する効果があるのではないか？　言い換えるなら、非難から修正への移行が全面的になされた場合には、後者が「ぬるく」見えることで、犯罪傾向のある人々の自制心は損なわれてしまうのではないか？　もし、この問いへの答えが「イエス」なら、未来志向的に考えた場合にも、非難は効果的であることになる。

　このことに加えて、私たちの倫理が、たんなる因習としては破棄しがたい深さで過去志向性をもっていることも無視できない。重要なのは、過去志向性が犯罪のトークンに関わっている点だ。ここで言う「トークン」とは、特定の時間・空間的な領域を占める個別のものを指し、「タイプ（種）」と対になる概念である。

　イーグルマンの提言は、ある犯罪をなした人物が、同じタイプの犯罪をふたたびなすことの予防に繋がる。未来志向的であることは、未来のトークンはまだ不在である以上、タイプ志向的であることを促す。そして、その一方で、トークンとしてのその犯罪は、それを避けることができなかったもの、すなわち、他の可能性をもたなかったものと見なされることになる（決定論、あるいはそれを包摂する運命論の世界において、いかなる行為もそうであるように[*7]）。

　いま注目したいのは、ここでとられている過去への見方が事実であるかどうかではない、私たちの倫理の実践と調和できるかどうかだ。身勝手な殺人をなした人物が、二度と殺人を（それどころか些細な悪事をも）行なわない人物に更生したとして、同時にその人物は、まったく斜に構えるところなく、過去のその殺人のトークンを「仕方がなかった」と考えるかもしれない。後悔や反省のような心情を、「後ろ向き」として退けるかもしれない。たしかにその殺人はタイプとして凶悪なものであるが、トークンとして「それをすべきではなかった」と言うのは（その可能性がなかった以上）意味がよく分からない、という理由で——。殺人犯のこのような態度は多くの反発を招くだろうが、その態度とイーグルマンのあの提言とのあいだに明確な矛盾を見出すことは難しい。

未来のための過去

私は以前、幼児の倫理的教育（しつけ）に関して、こんなふうに書いたことがある。

> われわれは幼児に、その行為は悪い行為であること、より良い行為がほかにあったこと、そうしたことを教え込む。だが、このときわれわれは、幼児に次のこともまた、教え込んでいるのである。その行為はしないこともできたということ。代わりにほかの行為をすることもできたということ。［…］これは客観的事実というより社会的信仰の教説である。幼児はこのことを信じなければならない。それが信仰であることを忘れてしまうほどに強く。そしてわれわれもまた、この信仰の内部にいる。[*8]

友人を殴って怪我をさせた幼児は、これから同様のことをしないよう、大人にしつけられるだろう（動物の調教と同様）。だが、その幼児はそれだけでなく、「殴らないこともできた」のに殴ったことを反省しなくてはならない。殴らないこともできたかどうかを、だれも証明できないのだとしても――。幼児と呼ばれる年齢を過ぎてもそうした反省ができない人物は（少なくともそのふりができない人物は）、より強い叱責を受けるか、あるいは、「非正常」の括《くく》りに入れられてしまう。なぜ、それが「正常」でないのかは科学的に説明されないまま。

イーグルマンの提言に、私は必ずしも反対ではない。とりわけ、処罰への私たちの理解が非難の側に傾きすぎているなら、彼の提言から学んで修正の側にバランスを取ることは有益だろう。だが、彼の提言の背景にある科学的根拠を直視したとき、適度なバランス調整のもとで非難の領域を残すのは、欺瞞《ぎまん》や恣意性の入り込みやすい困難な作業である。そして、その一方で、非難と修正のバランスをそれなりに取ることではなく、非難から修正へと完全に移行することがイーグルマンの真意なら、その移行の効果について私は疑念をもっている。

人間の行為が結局のところ環境と遺伝の産物なのであれば、それは悪行・善行問わず、すべての行為について言えることだ。非難だけでなく賞賛についても、私たちは認識を改めねばならず、社会制度の全般にその影響は及ぶだろう。そして、過去の行為については、それがいかなるものであれ、つまり、犯罪者の悪行だけでなく、被害者の激高、裁判官の判決、あるいは科学者の提言などもすべて、そのようでしかありえなかったものと見なされるべきであり、そのことが倫理に与える全面的な影響をイーグルマンは十分に考慮してはいない。

　非難を基盤にした倫理がもし科学的認識と相容れなくても、その倫理が形作られるまでには進化論的な歴史があり、その歴史の因果関係は科学的事実と整合しうる。現状の倫理を支えている過去志向的な認識は、たとえそれ自体としては虚偽を含んでいたとしても、人間集団の存続・拡大にとって未来志向的な効果をもちうるからだ。

　認識における未来志向性を、効果における未来志向性と混同しないことが重要である。私たちが皆、認識において完全に未来志向的になることは、未来を薔薇色にするかもしれないし、しないかもしれない。このいずれであるのかは、認識の正しさだけでなく、ヒトがどのような生物であるか――、つまり、イーグルマンの言う「血に飢えた」（前掲書、二六四頁）倫理なしに集団を存続できるような生物であるかに、強く依存して決まることである。

注

（＊1）関連のある拙論として、次を挙げておく。青山拓央『幸福はなぜ哲学の問題になるのか』、太田出版、二〇一六年、九七—九九頁。

（＊2）この論点に関しては、たとえば、次の討議原稿が示唆に富んでいる。千葉雅也＋松本卓也（二〇一九）「〈実在〉の時代の思想と病理」、『現代思想』、四七巻六号、青土社、八—二一頁。

（＊3）このような責任概念の多様性については、次の第三章が啓発的である。古田徹也『それは私がしたことなのか——行為の哲学入門』、新曜社、二〇一三年。

（＊4）京都大学総合人間学部「基礎演習　科学論」（全学共通科目「ＩＬＡＳセミナー　科学論」）。

（＊5）イーグルマンの著書のほか、たとえば、次の二冊が参考になる。マイケル・Ｓ・ガザニガ『脳のなかの倫理——脳倫理学序説』、梶山あゆみ訳、紀伊國屋書店、二〇〇六年。エイドリアン・レイン『暴力の解剖学——神経犯罪学への招待』、高橋洋訳、紀伊國屋書店、二〇一五年。

（＊6）デイヴィッド・イーグルマン『あなたの知らない脳——意識は傍観者である』、大田直子訳、早川書房、二〇一六年。

（＊7）運命論の理解と分析については、次の文献が詳しい。入不二基義＋森岡正博『運命論を哲学する』、明石書店、二〇一九年。

（＊8）本書第二章の注で挙げた『時間と自由意志』の二五七頁より引用。

第七章　〈因果〉：過去をどこかに繋ぐには

第1節　もし、ああではなかったら

因果の反事実条件的分析

アメリカのテレビドラマシリーズ『ビッグバン・セオリー』にこんな会話がある。[*1]映画『レイダース　失われたアーク』（インディ・ジョーンズの初登場作）が好きなシェルドンが、恋人のエイミーにそれを見せたあとの会話。

エイミー「面白かったわ。設定に穴はあるけど」
シェルドン「穴だって？」〔…〕
エイミー「だってインディは物語の結末に無関係よ。彼がいなくても同じ結果になってた。〔…〕彼なしでもナチスは聖櫃《アーク》を見つけてフタを開けて最後には死んでた」

エイミーの指摘は、基本的に正しい。この映画の「結末」を、アークを見つけたナチス一団の顚末（アークのなかに秘められた力で彼らはみんな殺されてしまい、アークがナチスの本部へと送り届けられることもなかったという顚末）であると見なすなら。

このとき、なぜそれが物語の穴となるのかは、それ自体、面白い問題だろう。なぜ、物語のその都度の箇所で主人公が躍動するだけでは駄目で――インディはとても躍動している！――何か大きな結末に主人公は関わっているべきなのか。主人公がいてもいなくても物語の結末が変わらないとき、いったい何が損なわれてしまうのか。

映画、小説、漫画を問わず、とくにエンターテインメント作品においては、主人公が物語全体を通じて何かを達成することが好まれる。表面上、目的が達成できなかった場合でさえ、そのことが別の意味での達成（たとえば人間的な成長）に繋がっていることが望まれる。こうした物語性の希求は、私たちの人生の見方にも強く結びついており、(*2) 一つの仏教的観点からすれば、それは苦悩の発生源でもある。

さて、インディが物語の結末に無関係であることは、こんなふうに言い換えられる。映画のなかでのインディの行動は、物語にとって重要な結末の「原因になっていなかった」と。つまり、エイミーの指摘した穴は、あの映画全体を貫く因果関係の穴でもあった。ただし、そこで言う因果関係とは、いまから確認するような特定の意味におけるものである。

哲学者たちが「反事実条件的分析」と呼ぶ、因果の理解を見てみよう。細かいバリエーションがいくつかあるが、単純なその一つの例は、次のように書くことができる。――出来事cと出来事eが現実に起こったとき、cがeの原因であるのは、もしcが起きていなかったならeが起きていなかった場合である（そしてその場合に限る）。

エイミーの脳裏にあったのも、おそらく、これとよく似た思考だろう。インディのアーク争奪戦参加をc、先述のナチス一団の顚末をeとするなら、cがなくてもeは起こったとエイミーは言いたかったはずだ。なお、反事実条件とは、現実とは異なる状況についての「もし（if）」のことだと考えてよい。cは現実に起こったのだから、cが起きていなかったらという「もし」は、反事実条件になっている。現実と異なる他の可能性が、そこでは吟味されている。

トークンへの道

因果の反事実条件的分析は、学説としては知られていなくても、その中心的な発想は私たちにとってお馴染みのものだ。たとえば、たくさん勉強をして志望大学に合格した人物が、「あれほど勉強しなかったら、この大学に受からなかっただろう」と考え、たくさん勉強したことをその合格の（主要な）原因と見なすように。

しかし、ここで私たちは、ある疑問を直視しなければならない。因果関係を知るために、「現実と異なる他の可能性」を吟味する必要があるとして、それはいったい、どのようにしてなされるのだろう。「現実と異なる他の可能性」は、文字通り、この現実のなかにない。現実世界をどんなに観察しても、過去において現実にcが起きた場合には、cが起きなかった場合に何がどうなっていたのかをこの眼で確かめることは難しい。

ここで、次の重要な点を確認しておこう。反事実条件による先述の因果の分析は、個別の出来事に関するものであって、出来事の種類に関するものではない。前章で説明した「トークン」と「タイプ」の区別を使うなら、あの分析におけるcとeはいずれも、出来事のトークンであってタイプではない。

（インディのアーク争奪戦参加や、ある人物のたくさんの受験勉強は、どちらもそれなりの長期間にわたる継続的な行為であるが、その全体をひとまとまりの時間・空間的な領域とすることで、出来事のトークンとして捉えられる。どの領域を一つのトークンと見なすかは、文脈によると考えてよい。）

実践上の話をすれば、私たちはタイプを調べることで、トークンについての反事実的な可能性を語っていると言える。現実にcが起きたとき、仮にcが起きなかった場合にどうなっていたかを述べるために、cと同タイプの出来事が起きていない場合を調べるわけだ。そしてさらに、cと同タイプの出来事が起こっていた場合も調べることで、cにまつわる因果的な法則性を捉えようとする。

こんなふうに書くと抽象的でぴんと来ない方もいるかもしれないが、具体的な例で考えれば、ごく常識的な話だと分かる。たとえば、私がある睡眠薬を飲んで、その後すぐに眠ったとしよう。このとき、その服薬が入眠の原因であったかどうかを、どうやって確かめればよいのか。その服薬の状況とよく似たできるだけ多くの諸状況で、私が同じ薬を飲まなかったり、あるいは飲んだりしたときに、その後の入眠がどのようであったかを見ることで、それは確かめられるだろう。すなわち、このような調査によって得られた過去のタイプ的知識から、トークン的な因果性を推定することになるだろう。

だが、タイプからトークンへの道は、これで完全に開かれたわけではない。そもそも知りたかったのは、トークンとしてのｃがトークンとしてのｅの原因であったかどうかであり、ｃとよく似た出来事にまつわるタイプ的な知識を集めても、あのｃが起きなかった場合にどうなっていたのかは、確実には分からないからだ。とりわけ、薬の服用などではなく、アーク争奪戦参加のような個性の強い出来事については、それとよく似た出来事を見つけることさえ叶わないだろう。そして実際の人生においても、その転機となるのは、ときに、個性的で類のない出来事である。

諸世界を見る

反事実条件をもとに因果を捉えようとするアイデアは、古くは哲学者ヒュームの著書に見出すことができるが、今日、専門家によく言及されるのは、デイヴィッド・ルイスによるその分析である（ルイスについては、第五章で、タイムトラベルをテーマとしたときにも言及した）。因果の分析をその一部とするルイスの哲学体系は、何よりも可能性概念の扱いに関して多くの人々を驚かせてきた。

ルイスによれば、ある事態が可能であるとは、その事態が成立している世界が本当に存在することだ。そうした世界は、抽象的な、あるいは空想上のものではなく、私たちのいるこの世界と同じく具体的な存在物であり、そちらの世界から見ればそここそが「現実」の世界ということになる。

この考えがもし正しいとすると、たとえば、坂本龍馬が暗殺されなかったことが可能であるとは、坂本龍馬の対応者（私たちの世界の坂本龍馬にきわめてよく似た人物）が暗殺されなかった世界が存在することである。世界が無数に在るだけでなく、坂本龍馬の対応者も、彼のさまざまな可能性に応じて諸世界に存在するわけだ。

龍馬の対応者が無数に存在する以上、「龍馬の土佐藩脱藩」などの出来事も諸世界に無数に存在する（それらは類似した出来事の集まりであると考えてよく、その意味で、同一のタイプと見なせる）。すると、龍馬の土佐藩脱藩について、「もし、それが起きなかったなら薩長同盟は成立しなかっただろう」といった主張の真偽は、諸世界の内容を精査することで確かめられるかもしれない。

　私たちのいるこの世界を「世界@」と呼ぶことにしよう。世界@でcとeが起きていたとして、世界@において「cが起きていなかったら、eは起きていなかっただろう」という主張が真であるのは、ルイスによれば次のときである。[＊3] cもeも起きていないある世界が存在し、その世界のほうが、cは起きていないがeは起きているどの世界に比べても、世界@に全体的により似ているとき——。

　世界@との類似性が、なぜ考慮されるのか。それは、「cが起きていなかったら、eは起きていなかった」かどうかを世界@において問うているからだ。そこで精査すべきなのは、cが起きていないという点以外においては、できる限り世界@によく似た諸世界であり、世界@に似ていない諸世界は精査の対象から外してよい。

（さきほどの例を挙げるなら、「あれほど勉強しなかったら、この大学に受からなかっただろう」と言うとき、その大学の受験者数が十分の一であった諸世界や、超能力によって入試問題を予知できた諸世界のような、私たちの世界に似ていない諸世界を考慮しないのと同様である。）

出来事であるcとeの諸世界における存否を見ることで、cとeとの因果関係を分析する――。ここで注目すべきなのは、cとeがそれぞれ複数化されていることだ。もちろん、世界@におけるcとeはいずれもトークンであるが、そのcとeとの因果関係は、諸世界にわたって複数化されたcとeの存否によって定まる。つまり、タイプからトークンへの道が、「タイプ」という表現がもし使われていなかったとしても、実質的に、ここにも開かれているわけだ。ルイスによる以上の分析は、反事実的な諸世界を具体物ではなく抽象物と見なす場合でも、なお、興味深いものである。

第2節　あの原因、この記憶

因果の規則性分析

前節では、「反事実条件的分析」と呼ばれる因果関係の分析を見たが、このほかにもさまざまな因果関係の分析がある。哲学史においてとくに有名なのは、これもまたヒュームに遡れる「規則性分析」と呼ばれるものであるが、近年ではジュディア・パールによる分析[＊4]なども影響力を増している。

以下では、規則性分析について簡単な紹介をする以外、他の分析を見ていくことはしないが、関心をもたれた方は『哲学がわかる　因果性』[＊5]等の良書をあたって頂きたい。（さらに先に進みたい方には、『哲学論叢』誌の特集論文[＊6]をまずはお薦めしたい。デイヴィッド・ルイス、ピーター・メンジーズらの因果分析や、ベイジアンネットワークを用いた因果推論について、明解に解説されている。）

規則性分析のシンプルなバージョンでは、因果関係はこう定義される。個別の（トークンとしての）出来事であるｃとｅについて、ｃがｅの原因であるのは、次の三つの条件を満たすときである。

（1）ｃとｅは時間的・空間的に近接している。
（2）ｅはｃのすぐ後に起こる。
（3）ｅと似たタイプの出来事は、規則的に、ｃと似たタイプの出来事に続いて起こる。

せっかくなので、規則性分析について次のことを述べておこう。大学の初学者向けの講義で規則性分析を取り上げるとき、私はまず、それが一定の説得力をもっていることを認めたうえで、「共通原因」に注意することの必要性について話す。いま見た三つの条件を満たすのにｃをｅの原因と見なすべきでない場合があるが、その代表と言えるのが、ｃと

eに何らかの共通する原因がある場合だ。

たとえば、雷光のあとにはしばしば雷鳴が続くものであるが、だからといって雷光を雷鳴の原因と見なすべきではない。雷光と雷鳴には共通原因（大気中の放電をひき起こす出来事）があり、そのために雷光と雷鳴の発生に相関関係が生じているだけだからだ。池谷《いけがや》裕二著『単純な脳、複雑な「私」』(＊7)では、「薬指より人差し指が短い」ことと「理系に進む」ことのあいだに相関関係はあるものの、因果関係があるとは言えない、という話が導入に使われているが、これもまた、共通原因の存在に関わっている（この事例で何が共通原因にあたるのかは、同書で確かめてみて頂きたい）。

ちなみに学問分野によっては、共通原因によるこの種の相関関係を、「疑似相関」と呼ばれる括《くく》りに含めることがある。個人的にはこの用法に昔から馴染むことができず、自分の講義でも「共通原因」という表現のほうを用いてきた。というのも、cとeに共通原因がある場合、cをeの原因と見なすべきではないが、他方で、cとeのあいだに相関関係はたしかに存在するからだ。（とはいえ、これは用法の問題にすぎないので、分野ごとの流儀は異なっていてかまわない。私としては、「共通原因」という表現が哲学にはあるので、有用なときには使ってみてください、としか言えない。）

トークンとエピソード

因果関係には多様な分析があるものの、「トークンへの道」の問題は、トークン的な因果を認める限り、どの分析にとっても悩みの種である。私たちは、出来事のトークンのあいだにも因果関係を見出そうとするが、そのためにはタイプ的な知識に訴えざるをえないように見える（とりわけ、規則性分析では明らかにそうである）。だが、タイプからトークンへの道はきれいに敷かれているとは限らない。どんな出来事も厳密には一度限りの出来事であり、細部には他と違う個性があるが、ならば、ある出来事に関するタイプ的な知識とは何なのか。

前節では、ルイスによる反事実条件的分析を見たが、反事実的な諸世界に同タイプの諸出来事が散在しているとして、それらを具体的実在と認めるだけでは、目下の問題は解消しない。たとえば、「龍馬の土佐藩脱藩」という出来事について、私たちのいるこの世界だけでなく、他の諸世界におけるその出来事の存否を精査していくというとき、私たちはいったい何をすればよいのか。他の諸世界には行くことができず、それどころか、見ることもできないのに。

他の諸世界における出来事の存否が、この世界の過去の内容から類推されたものでしかないなら、「トークンへの道」の問題は、諸世界の導入（具体的実在としてであれ、抽象物としてであれ）によって減じてはいない。結局は、この世界でのタイプ的知識に依存して、あるトークンとしての出来事に関する推定をしていることになるからだ。理論をモデル化する際に諸世界の導入は有益だが——論理学への貢献も素晴らしい——目下の問題に関しては、先送りされていると言わざるをえない。

さて、第三章で「記憶」をテーマとした際、ある記憶が特定の過去と繋がっていることの不思議さを論じた。たとえば、私が今朝パンを食べたことの記憶は、今朝という、あの過去についてのものでなければならないが、そのことがどのようにして保証されているのかは謎である。

いわゆる「エピソード記憶」は過去の特定のエピソードに関する記憶であり、複数ある定義の一つによれば、「「いつ」、「どこ」で、「なに」が起きたかという個人的体験の記憶を意識的に思い出し、それを再体験することを実現するシステム」(＊8)を指す。ここでは明らかに、過去のトークンとしての出来事が記憶の対象となっているが、「エピソード記憶」のより緩やかな定義（想起による再体験までは求めない定義）においても、そのことは変わらない。

以上に加え、記憶は何らかの因果関係によって成立しているはずだという、多くの科学者にとって自然であろう前提を置くと、エピソード記憶にまつわる謎は、トークン的な因果性にまつわる謎と結びついていることが予想される。一度限りの出来事が、ある記憶の痕跡（脳内におけるそれは「エングラム」と呼ばれる）のトークン的な原因であるとともに、この痕跡に依存した記憶がその一度限りの出来事を志向するものでなければならないからだ。このことをふまえて本章の後半では、因果の謎から記憶の謎へと焦点を移すことにしよう。

エピソード様記憶

一度限りの出来事によって因果的に形成された記憶を、先行文献での用法に倣《なら》い、「ワンショットの記憶」と呼ぶことにしよう。ここで注意したいのは、ワンショットの記憶は必ずしもエピソード記憶ではないことであり、さらに言えば、それは、トークンとしての出来事の記憶である保証もない。

　たとえば、箸をくわえたある猫が、その箸を喉に刺してしまい、一時的に怪我をしたとしよう。それ以来、この猫が二度と箸をくわえなくなったなら、ワンショットの記憶が成立したと考えることができそうだ。しかし、その記憶の対象は、まさにあのとき、くわえた箸が喉に刺さった、という出来事のトークンではないかもしれない。その猫は、箸をくわえることは危ないというタイプ的な事実を覚えたのかもしれず、そして、自分が箸をくわえて怪我をしたというエピソードは、まったく覚えていないかもしれない。

似たようなことを何度も経験し、その結果として得た記憶の対象が、タイプ的であることは見てとりやすい。缶詰を開ける音が聞こえると、そのあとキャットフードがもらえる、というタイプ的な事実を、経験の繰り返しによって覚えるように。だが、ワンショットの記憶であっても、その記憶の対象がタイプ的であることは可能で、むしろ、ある記憶の対象がトークン的であることを実証・説明するのは難しい。とくに、言葉を話してくれない（ヒト以外の）動物の記憶に関しては。

動物もエピソード記憶をもつことは可能か——、この問いについては興味深い研究がいくつも行なわれており、その結果、鳥類のカケス、ラット、イヌ、チンパンジーなどの動物が、「エピソード様記憶」と呼ばれるものをもつ可能性が示されてきた。エピソード様記憶とは、「いつ」、「どこ」で、「なに」が起きたかに関わっていると見なせる記憶であり、エピソード記憶と同一視することはできないとしても、それに類似した記憶のことである。

たとえば、フロリダカケスについてのN・クレイトンとA・ディッキンソンの研究を見よう(*9)。フロリダカケスは、食物をいったん隠しておいて、あとでそれを取り出して食べることができる。また、新鮮なガの幼虫を落花生より好んで食べるが、新鮮でない（腐った）ガの幼虫よりは落花生を好んで食べる。

クレイトンとディッキンソンは、新鮮なガの幼虫と落花生とを異なるタイミングでフロリダカケスに隠させ、のちほど隠し場所を調べさせることで、次の二つの状況を比較した。

（1）四時間前に幼虫を隠し、五日前に落花生を隠した状況。
（2）四時間前に落花生を隠し、五日前に幼虫を隠した状況。

なお、実験上の工夫として、砂の入った容器の別々の場所に幼虫と落花生は隠されるようになっており、また、隠し場所を調べさせる際には、匂いや見た目を手掛かりにできないよう、隠された食物は取り除かれて、砂も入れ替えられていた。

四時間前に隠した幼虫はまだ新鮮だが、五日前に隠した幼虫は腐ってしまうこと（この事実はタイプ的である）を事前に学習済みのフロリダカケスは、（1）では幼虫の隠し場所を優先的に調べたのに対し、（2）では落花生の隠し場所を優先的に調べた。この結果への有力な解釈の一つはこうである。フロリダカケスは、幼虫と落花生の隠し場所をそれぞれ記憶するだけでなく、少なくとも幼虫のほうについて、どれくらい過去にそれを隠したのかを（四時間前と五日前との区別がつく程度には）記憶しているに違いない。つまり、フロリダカケスは、限定的ではあれ、「いつ」、「どこ」、「なに」に関するエピソード様記憶をもつことができると推察される――。

エピソード様記憶の研究が、私たちのもつエピソード記憶の解明にとっても有意義であることは間違いない。だが、同時に、エピソード様記憶とエピソード記憶とのあいだに大きな距離があることも事実である。次節では、何がその距離を生むのかについて、より詳しく考えてみることにしよう。

第3節　因果的、そして空間的な「私」

記憶とメタエピソード

子ども時代に、「いつ、どこで、だれが、なにをした」ゲームをしたことのある人は多いだろう。複数の参加者はそれぞれ紙に、いつ、どこで、だれが、なにをした、の四項目について自由な言葉を書く。そして、集められた紙をランダムに見て、各項目の言葉を順に決めていき、全体として奇妙な文章ができあがるのを楽しむ。

小学校の一年生でも参加できる遊びだが、改めて考えてみると、そこで行なわれていることは複雑だ。なにしろ、四つの言葉だけで、現実に存在しない状況を脳裏に描き出しているのだから。しかも、そうやって想像された状況に笑うことまでできる（どの文章で笑うかも参加者の多くで一致する）というのは、高度な知的営みと言ってよい。

さらに私たちは、いつ、どこで、だれが、なにをした、の四項目によって、さまざまな状況を仮想できるだけでなく、現実に生じたさまざまな状況を要約することもできる。私は自分の半生を、この四項目からなる文章を連ねて素描することができるだろう。そして、その素描のほとんどは、「私が」を主語とした文章で行なわれるに違いない。

エピソード記憶の重要な特性は、いつ、どこで、なにをしたかに関わっていることだとよく言われるが、ここで主語（「だれ」）が省かれているのはなぜか。エピソード記憶の対象は、通常、その記憶の所有者自身が経験したエピソードであり、それゆえ、主語である「私」をいちいち明示する必要はない――、これがその答えだろう。だが、そこで言う「私」とは、あるエピソードを認識した主体としての「私」であって、そのエピソードにおける中心的な行為の主体では必ずしもない。

たとえば私は、十数年前、奥田民生さんのコンサートに井上陽水さんが乱入して、『荒城の月』を独唱し、すぐ去って行ったのを覚えているが、このエピソードの中心的な行為の主体は陽水氏である。他方、私がその乱入を目にしたことに焦点を当てるなら、その主体は私であるが、こちらは、あるエピソードを認識した者としての主体だ。「メタ」という表現を使用して、同じことをこう言い換えてみよう。〈陽水氏の乱入〉というあのエピソードの主体は陽水氏であるが、私がそれを見たというメタエピソードの主体は私である、と。以下の議論では、メタエピソードの参照先であるエピソードを（いまの例では〈陽水氏の乱入〉を）「対象エピソード」と呼ぶことにする。

エピソード記憶を、エピソード様記憶（ヒト以外の動物も所有していることが示唆される、いつ、どこ、なに、に関わる記憶）以上のものとして的確に捉えようとするとき、エピソード記憶の対象は何であると考えられるだろうか。それは対象エピソードとメタエピソードとのセットである、と考えるのは、検討に足る一つの方針だ。このとき、メタエピソードの主体はつねに、エピソード記憶の所有者である「私」だが、先述の通り、対象エピソードの主体がその「私」であるとは限らない。もちろん、対象エピソードの主体がその「私」であることはとても多いが。

類人猿は何を覚えたか

いま述べたことの確認を兼ねて、狩野文浩氏と平田聡氏による次のユニークな研究を見てみよう。(＊10) チンパンジーとボノボに短い自作映画を見せ、そこでの印象的な出来事を次の日まで覚えていられるかを調べる研究である。なお、その「印象的な出来事」とは、登場する二人の人間のうちの一人が、着ぐるみのキングコングに襲われる、というものだ。（アイトラッカーという装置を用いた、この実験の詳細については、参照文献を見て頂きたい。）

実験の結果、チンパンジーとボノボは一度見ただけの印象的な出来事を翌日まで覚えていられることが示唆されたが、これはエピソード（様）記憶の研究にとって注目すべき成果である。チンパンジーとボノボという類人猿が対象であることも重要だが、さらに、カケス等を対象とした多くの先行研究と異なり、報酬（正確には強化子）となる食物を実験に使用していない点も興味深い。

そのことを十分にふまえたうえで、この実験で類人猿が何を記憶したのかを再考しよう。それは、（映像のなかで）キングコングがある人間を襲うという一度限りの出来事であった。他方、この実験で類人猿が、その出来事を自分自身が見たことを覚えているかどうかは分からない。先述の表現を使うなら、類人猿は（自分自身を主語としない）一度限りの対象エピソードについての記憶を所有できるようだが、自分自身を主語とするメタエピソードについての記憶を所有できるのかどうかは分からない。

さて、類人猿の代わりにヒトである私が、この実験を受けたと仮定しよう。そのとき私は、一度限りの経験によって、対象エピソード（キングコングの襲来）とメタエピソード（私がそれを見たこと）をともに記憶できるが、ある意味では、私はさらにそれ以上のことを認識している。というのも、これらのエピソードを思い出す際に私は、メタエピソードの主体である私が、それを想起している私と、同一の主体であることも認識しているからだ。

当たり前のようで、これは不思議なことである。対象エピソードの主体（キングコング）と異なり、メタエピソードの主体（私）は、その特性が——たとえば日本人の男性であることが——エピソードの内容に普通は反映されていない。事件現場を撮影しているビデオカメラが、普通はそのカメラ自身を撮影してはいないように。だから、メタエピソードの主体が、それを想起している主体と同一であることは、通常、何らかの特性の比較によって確証されたのではないはずである。

ビデオカメラのなかには、撮影した映像を再生できるディスプレイが付いているものも多い。では、あるビデオカメラで撮影した映像は、必ず、そのビデオカメラ自身のディスプレイでのみ再生される、という世界を想像してみよう。このとき、あるビデオカメラ（のディスプレイ）で、ある事件の様子が再生されていたなら、その事件を撮影したのはどのビデオカメラだろうか。それはもちろん、その事件の様子を再生しているのと同一のビデオカメラであるが、このことは、撮影された映像の内容を調べて分かったことではない。

　エピソード記憶とその想起との関係を、これに類比してみよう。現状、あるエピソード記憶の想起は、そのエピソードを「記録」した（認識して覚えた）脳自身によってしかなされない。ある脳で記録したエピソードを、その脳とケーブルで繋がった他の脳で想起することは、いまのところできない。そのため、メタエピソードの主体は、それを想起する主体と、エピソードの内容にかかわらず同一であることになる。

　ただし、ここで私たちは、対象エピソードとメタエピソードとの違いを改めて意識すべきだろう。想起する主体と同一であるのはメタエピソードの主体であって、対象エピソードの主体については必ずしもそうではない。そして、次のこともまた意識しておく必要がある。対象エピソードの主体が、たとえ、それを記憶している「私」自身であっても、それだけでは、エピソード記憶が所有されていると見なしがたい場合もあるということを。たとえば、自分が幼少期に入院したことを（伝聞による）知識としては覚えているが、メタエピソードをまったく覚えていないとき、それがエピソード記憶であると言えるかどうかは疑わしい。

「私」を構成する

エピソード記憶の大半（定義によっては、そのすべて）において、対象エピソードの主体、メタエピソードの主体、そしてそれらを想起する主体は、いずれも同一の「私」である。「エピソード記憶とは個人的体験の記憶である」と簡潔に言われるときの、「個人的」との表現はこのことを意味する。では、なぜ、これら三つの主体はしばしば同一の「私」であるのか。それは、ヒトの身体が因果関係の結節点だからであり、身体のこのような在り方は論理的には偶然である。

ヒトの身体は――コンピュータ本体だけでなくキーボードやディスプレイなども一体となったノートパソコンのように――ひとまとまりの空間領域にさまざまな機能を詰め込んでおり、知覚情報の入力も、その保存・再生も、さらには身体運動も……、近接した場所で実行する。それゆえ、その空間領域は、ある人物がもつさまざまな機能の因果的な結節点となっており、むしろ、そうした結節点であることが、その空間領域をある一個人の領域とする。

論理的には、目や耳などの入力器官と、その入力情報を処理する脳、さらに手や足などの身体部位が、それぞれ無線で連絡し合うかたちで世界に散在していることは可能である。目は京都に、脳はパリに、手はニューヨークに在る、といった具合に（脳も機能ごとに分割して、違う場所に置いてよい）。このとき、ある人物を一個人たらしめているのは、空間領域のまとまりではなく、因果関係のまとまりだ。世界中に散在する諸物が一人の「私」を構成するのは、因果的な一つのネットワークによる。

　空間領域のまとまりなしに「私」が構成されたとき、対象エピソードの主体とメタエピソードの主体の独立性はより明らかになる。SF的でない普段の世界にて、「私」がやっていることを「私」がしばしば認識しているのは、前者の「私」と後者の「私」がたまたま近くにいるからだ（たとえば手と目が近くに在るために）。もちろん、ここで言う「たまたま」とは論理的な意味合いのものである。

　そして、ビデオカメラのたとえ話は、メタエピソードの主体とそれを想起する主体についても、その一致がたまたまの事実によるものであることを教えてくれる。もし、ある脳（の一部）で記録したエピソードが――クラウドと電子端末との関係のように――他の場所に在る複数の脳（の一部）で思い出せるようになったなら、その一致は保証されない。ここでもまた、空間領域のまとまりの消失は、エピソード記憶の土台を揺り動かす。言い換えるなら、因果関係のまとまりのみによって「私」が構成されるとき、エピソード記憶の概念は大きく変質するに違いない。

　第三章で私は、眼前にあるデッサン画への忠誠の問題を考察した。いまなら、そこでの考察が、三つの主体の同一性についての理解を欠いていたことが分かるだろう。私が過去を捉えるにあたり、私の眼前のデッサン画を出発点とせざるをえなかったのは、それしか出発点がないことがたしかに初発の理由である。しかし、この一見消極的な理由は、そのデッサン画がほかならぬ私の眼前にあることによって、違う顔を見せてくる。

　私の身体が偶然的に因果関係の結節点であることは、対象エピソードの主体、メタエピソードの主体、そしてそれらを想起する主体の三者をしばしば同一のもの（つまり、この私）とした。偶然的ではあるものの蓋然性の高いこの事実は、それが偶然であることが不問とされるときにこそ自然に、私の眼前のデッサン画を、過去の私のエピソードに接続する。デッサン画の整合性のみからは導かれないはずのその接続は、私の生活実践において欠かせないものであり、同時に、眼前のデッサン画から出発する理由を問い返さないことの意義を増すものだ。

注

（＊1）『ビッグバン・セオリー』第7シリーズ第4話。日本語字幕より、句点を補って引用。

（＊2）人生における物語性の希求については、読みやすく意義深い一冊として、次を挙げておく。千野帽子『人はなぜ物語を求めるのか』、ちくまプリマー新書、二〇一七年。

（＊3）Lewis, D. (1973). Causation. *Journal of Philosophy*, 70 (17), 556–567.

（＊4）Judea Pearl『統計的因果推論――モデル・推論・推測』、黒木学訳、共立出版、二〇〇九年。

（＊5）スティーヴン・マンフォード＋ラニ・リル・アンユム『哲学がわかる　因果性』、塩野直之＋谷川卓訳、岩波書店、二〇一七年。

（＊6）『哲学論叢』、三五号、京都大学哲学論叢刊行会、二〇〇八年。（京都大学学術情報リポジトリ（KURENAI）にて閲覧可。）

（＊7）池谷裕二『単純な脳、複雑な「私」』、講談社ブルーバックス、二〇一三年。

（＊8）佐藤暢哉（二〇一〇）「ヒト以外の動物のエピソード的（episodic-like）記憶――WWW記憶と心的時間旅行」、『動物心理学研究』、六〇巻二号、日本動物心理学会、一〇五―一一七頁。引用は一〇五頁より。

（＊9）Clayton, N. S. & Dickinson, A. (1998). Episodic-like memory during cache recovery by scrub jays. *Nature*, 395 (6699), 272–274.

（＊10）Kano, F. & Hirata, S. (2015). Great apes make anticipatory looks based on long-term memory of single events. *Current Biology*, 25 (19), 2513–2517.

第八章　〈不死〉：死はいつまで続くのか

第1節　限られた不死と、真の不死

塵とパターン

　グレッグ・イーガンの長篇ＳＦ『順列都市』[*1]のなかに、「塵理論（the dust theory）」と呼ばれる不思議な仮説が出てくる。その概要を紹介する前に、このＳＦの舞台設定について述べておこう。

『順列都市』の舞台となる世界では、〈コピー〉と呼ばれる存在が珍しくないものとなっている。〈コピー〉とは、簡潔に言えば、コンピュータのなかで生きる心だ。きちんと肉体をもった普通の人間の脳データをもとに〈コピー〉は作られる。スキャンされた脳データと、疑似的な環境データ（コンピュータの外部にある物理的世界のデータも、そこには取り込むことができる）をもとに、コンピュータのプログラムによって心をシミュレートするわけだ。

〈コピー〉に主観的な意識はあるのか、という問いは、同作ではほとんど掘り下げられない。これは重要な哲学的問いだが、以下の話を進めるうえでは、単純に「ある」と考えて構わない（そこを話の争点とはしない）。いわゆる客観的観点から言えば、〈コピー〉は脳の諸機能を十分にシミュレートしており、たとえばシャワーを浴びているときに、どんなふうに水流が見え、どんなふうに皮膚が刺激され、どんなふうに気分が変わるのかも、精密に計算されている。もちろん、思考や行為についても同様で、もし、いま、私の〈コピー〉がいたなら、「彼」はこの原稿の続きを自然に書き続けていくだろう。

『順列都市』の世界では、肉体的には死んだ大富豪たちが〈コピー〉としては生き続けており――〈コピー〉の保持には大金がかかる――外部の人々に対しても大富豪ゆえの力をふるっている。彼らは、限定的な意味で不死の存在になっている。「限定的」と付したのは、彼らを生かしているハードウェア（プログラムを実行しているコンピュータ）もいずれは停止するからだ。たとえば、〈コピー〉の排斥運動が高まってハードウェアが停止されるかもしれないし、そうしたことがなかったとしても、災害、戦争、地球の消滅……によって、ハードウェアはやがて必ず失われる。

さて、以上の設定はSFファンにとってはとくに目新しくはない。面白くなってくるのはここからだ。主人公の一人であるポールは、彼自身の〈コピー〉を実験台にして次のことを確かめる。プログラムの処理内容を分散して、世界中に散在する別々のハードウェアで実行したとしても、〈コピー〉の体験内容は、通常の場合（一台のハードウェアを使用した場合）とまったく変わらない。諸ハードウェアへの分散を、空間的・時間的にどんどん拡げたとしても。〈コピー〉はこの実験中、ある部屋に居る体験をしながら、こんなふうに考える。

「これは塵だ。すべてが塵なんだ。この部屋も、この瞬間も、地球各地に散らばり、五百秒かそれ以上の時間に散らばって――それでも、ひとつにまとまったままでいる。」（邦訳上巻、二五三頁。同書からの引用の頁番号はすべて、二〇一七年六刷のもの）

さらにポールは、瞬間的な心の生成順序をごちゃ混ぜにされた〈コピー〉が、通常の〈コピー〉と完全に同じ体験内容をもつことを確かめる。生成順序をごちゃ混ぜにされた〈コピー〉は、自分ではそのことをまったく感じずに、たとえば、一から十までの数を順に数え上げる（実際には、五を数える心よりも後に、四を数える心が生成されていたりする）。

このとき、〈コピー〉の体験の順序は、瞬間的な心の諸パターンの整合性、すなわち、諸パターンを滑らかに連結させる整合性のみに従っている。ハードウェアで実行される作業は因果的な順序をもつが、その因果の順序は、〈コピー〉の体験の順序と関係ない。それゆえ、たとえランダムに発生した諸パターンでさえ（それらは因果関係をもたない）、そこに整合性さえあれば、〈コピー〉は何らかの体験を特定の順序でもつことになる。外部の世界における諸パターンの生成順序にはまったく縛られずに。

イーガンの「塵理論」

巨大な乱数の集合が在れば、そこには何らかの整合性をもった諸パターンが含まれているはずであり、心もまたパターンであるなら、そこには心も含まれているかもしれない。しかし、仮にそうだったとしても、実際にこの集合から心を見つけ出すことは不可能に近い（私の電話番号のように小さなパターンですら、巨大な乱数表のなかにそれを見つけ出すためには、膨大な時間を必要とする）。

〈コピー〉として先述の実験を受けたポールは、このことをきちんと理解しつつ、もし乱数の集合に心のパターンが含まれていたなら、話は別だと推論する。なぜなら、その心は一人の観察者として「内側から点々を結びつけ」るのであり、「その場合は、疑う余地なく、カオスから秩序が出現しうる」からだ（一九四頁）。そして、彼の考えでは、「ポールは現にそれをやってのけた」（同頁）。ようするに、巨大集合内の心のパターンは外部から見つけ出される必要がない。もし、そのようなパターンが在るなら、それは、それ自身を認識する。

ここから塵理論なるものに至るのは、あと一歩だ。その一歩にあたるのは、この現実の世界に、膨大な「塵」（数を表象できる微細な欠片《かけら》）の散在というかたちで、きわめて巨大な乱数の集合が存在している、という考えだ。少し長いが、重要な、次の一節を引用しよう。

「わたしたちは、ある事象のとりあわせのうちの、さらにひとつの組みあわせかたを知覚し、そこに住んでいる。しかし、その組みあわせが唯一無二だという道理がどこにある？ わたしたちの認識するパターンが、塵を首尾一貫したかたちで並べる唯一の方法だと信じる理由はない。何十億という別の宇宙が、わたしたちと同時に存在しているにちがいない――それはすべてまったく同じ材料からできているが、並べかただけが違う。」（二五五頁）

塵から成る巨大な乱数の集合が、無限の大きさをもつのか否か。「無限」という表現そのものは『順列都市』での説明に見当たらなかったが、塵のどのような並べかたも容認されている（時空的にどんなに離れた塵を並べてもよいし、諸パターンが何度同じ塵を使ってもよい）ことを考えると、この問いには「イエス」と答えてかまわないだろう。そして、このことは、有限の数から成るパターンなら何でも、その乱数の集合内に存在するであろうことを意味する。

こうして、塵理論と呼ばれる次の仮説ができあがる。無限の乱数の集合と見なせる塵の群れが世界の実体であり、そこには、ありとあらゆる瞬間的な心がパターンとして含まれている。塵の群れからそうしたパターンを見つけ出すことは不可能に近いが、それは心のパターンであるから、見つけ出される必要はない。心のパターンが存在するなら、それはそれ自身を認識するためだ。そして、「現実」の私たちの心も、つまり、シミュレートされたものではないと普通は信じられている私たちの心も、塵の群れのなかで自己認識したパターンであると考えて矛盾はない。

荒唐無稽な仮説だが、既出の諸前提を認めた場合に反証することは容易《たやす》くない。また、このような仮説が可能であること自体が、心と不死との関係について興味深い思考を促してくれる。塵理論がもし正しいなら、私は次の意味で真に不死だろう。現在の私の心を引き継ぎ永久に連なっていくような心の諸パターンは、塵の群れに必ず含まれており、ハードウェアの消失によってその不死が脅かされる心配もない――。ポールはまさにこのことを確信し、『順列都市』のなかで大富豪たちに「真の不死」を販売し始める。「販売」といっても普通の意味での商品など存在しないのだが。

(同作には、いま紹介した以外にも多くのストーリーが織り込まれているので、もう「ネタバレ」であると思わずに、ぜひ読んでみて頂きたい。)

モラベックと唯数《すう》論

ロボット研究者のハンス・モラベック――「モラベックのパラドックス」と呼ばれるも

のでその名がとくに知られている——は、「シミュレーション、意識、存在」[*2]という論稿で、塵理論に似た仮説を検討している。そちらで目をひくのは、ある塵の群れに対して、無数の「解釈」が可能であるという指摘だ（モラベックは「塵の群れ」という表現を用いていないが、分かりやすさのため、この表現を引き続き使用する）。ここでは、ある塵の群れを「首尾一貫したかたちで並べる」方法というより、首尾一貫したかたちで読み取る方法として、「解釈」という語を理解するとよい。

　たとえば、天気予報をするコンピュータ・プログラム上では、シミュレートされたさまざまな天気図がデータとして処理されている。このとき、そうした天気図のデータは、そのデータ（二進数で表すなら1と0の列）のみでは意味不明であり、解釈の仕方（符号化されたデータの復号の仕方）が与えられて、初めて、天気図のパターンとなる。

　未来の人類や異星人などのテクノロジーにおいては、現在の私たちが知らない解釈（復号化）が用いられているだろう。私たちには乱数にしか見えない数の列が、彼らにとっては有意味なパターンでありうる。モラベックはこうした考えをふまえて、ある特定の塵の群れについても無数の解釈の可能性があり、そのなかには、その群れからある心のパターンを読み取れるような解釈も含まれていること、さらに、そのような心のパターンが在れば、それは外部からの解釈なしでも、それ自身を認識するであろうことを指摘する（実際、あなたの脳内のパターンも、外部からの解釈なしにそれ自身を認識しているはずだ）。

こうして、モラベックの仮説は塵理論へと接近していき、私たちの（厳密には「私」の）「現実」の世界についても、似たような洞察を提供する。つまり、「現実」の世界（として「私」が特別視する世界）もまた、ある一つの解釈が塵の群れを有意味化するとき、そこに存在する心のパターンが認識している世界にすぎないのかもしれない。

私個人の理解を記せば、ここでの懐疑は「唯数論《すう》」とでも呼ぶべきものの可能性を開く。少なからぬ哲学者の意見に従い、数は実在するとしよう。すると、小数点以下の無限表示にあらゆる有限の数列を含むある実数（よく円周率が例に出されるが、円周率がそのような数であることは証明されていない）のなかには、あらゆる心の諸パターンとそれらに映じた諸世界とが――この「現実」の世界もまた――存在していることにならないか。異様なこの着想は、唯物論とは何なのか、とりわけ、唯物論的な実在とは数から成るパターンなのか（ならば唯数論でよい？）、それとも、そこに数で表せない何かが足されたものなのかという、さらなる問いを与えてくれる。

（本節で想定したようなコンピュータによる心の生成について、脳神経科学もふまえて考えてみたい方には、渡辺正峰著『脳の意識　機械の意識』(*3)をお薦めしたい。）

第2節　塵のなかの時間

死ねない心

『順列都市』の主人公ポールは、塵理論のもとで人間が真の不死を得られると主張した。いま、この瞬間の「私」の心のパターンをM_1と呼ぶとして、M_1と整合的に繋がるパターンのM_2は世界内に必ず存在する。M_3、M_4、M_5……と、繋がりはどこまでも続いていくだろう。

　前節で見たように、この繋がりは因果関係ではない。あくまで諸パターン間の整合性がすべてであって、たとえばM_1がM_2を因果的にひき起こしているわけではない。M_1とM_2の、それぞれの心に映じた「世界」の内容を比べたとき、そこには多数の法則性を見出すことが可能だろうし、その一部を因果法則と見なすこともできるだろうが、このことは、M_1とM_2のあいだに因果関係を認めることとは異なる。アニメーション映画のあるコマと次のコマの内容を比べたとき、因果法則と見なせるものがその内容に関して在ったとしても、前者のコマが後者のコマを因果的にひき起こしているわけではないように。（第七章の最後で見た「因果関係の結節点」についても、塵理論のもとでそれを捉えるには、いま述べたことに注意が必要だ。）
　さて、いかなる心のパターンについても、整合的にそれと連結できる他のパターンが存在する以上、どんな心も不死であり、むしろ、それは途絶えることができない。気味の悪い話だが、この理屈に従えば、「私」は自殺を完遂することもできない。「私」が自殺を試みても必ず失敗してしまう（自殺の失敗を認識する心へと、自殺直前の心が引き継がれてしまう）か、あるいは、たとえ身体的には死ねても、精神的には必ず生き続けてしまう（精神だけが残されるかたちで整合性が保たれてしまう）かの、どちらかになるからだ。

　もちろん、これは「私」の話だからであり、「私」の認識する「世界」のなかで他者が完全に死ぬことはできる。その「世界」に現れる他者は、それがそれ自身を認識するようなパターンとしての心ではないためだ。別の言い方をするならば、他者は、「私」と同じ意味ではそもそも「生きて」いないのであり、ゆえに、現れの消失をもって「世界」から消失することができる。

　自殺や他者の死の話を除くなら、ポールはだいたい、いま見てきたような仕方で、心は不死であると述べた。しかし、ある重要な意味においては、たとえ塵理論のもとであっても心が不死であり続けることはない。というのも、瞬間的な、どの心のパターンも、ただそれ自体として存在するからだ。たとえば、M_1とM_2がどれだけパターンとして繋がっていても、M_1がM_2に成るということはありえず、M_1とM_2のあいだには因果関係だけでなく同一性関係もない（同一性関係がないので、M_1がM_2だけでなく複数のパターンに繋がっていたとしても、「推移性」と呼ばれるものについての問題が生じないのだが、その話は別の機会に譲る）。

　これに対し、「いや、M_1がM_2に成るのではなく、M_1からM_2へと「今」が移るのだ」と言われるかもしれないが、では、その「今」とは何だろうか。無限の乱数列内のさまざまな数の並びと同じく、塵理論のもとにある心の諸パターンは、生滅の時間的な順序をもたない。諸パターンは無時制的に、いわば一挙に存在する。M_1が生じ、滅した後に、M_2が生じるわけではなく、それらは一挙に存在し、各々がそれ自身を認識する。したがって、ポールの言う「不死」を、「私」がいつまでも新たな「私」に成り続けることや、あるいは、「私」が時間のなかを永久に進み続けることであると理解するなら、そこには誤解があるわけだ。

　ただし、興味深いのは、この結論が「時間の流れ」の感覚を排除しない点である。前節で詳しく述べたように、外部の物理的世界から見てポールの心の諸パターンがごちゃ混ぜの順序で生成されたときでも、当のポールはそのことに気づかず、普通に時間が流れているように感じた。ごちゃ混ぜでさえそうなのだから、諸パターンが一挙に在ったとしても

（生滅がいっさいなかったとしても）、「時間の流れ」の感覚について同じことが言えるだろう。

ここで、第一章第２節で見た「バーバーポール説」なるものを想起された読者がいたら、ありがたい。図１はその説明図を再掲したものであり、図２は図１の各行をバラして、シャッフルしたものである。

図１では、どの行もすぐ下の行とパターンとして滑らかに繋がっており、よって、ある

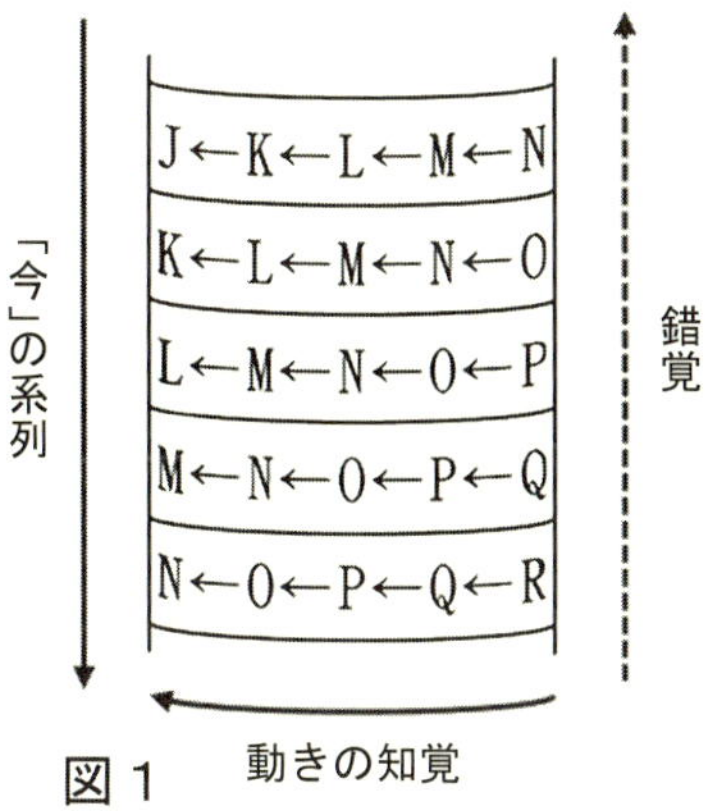

図１

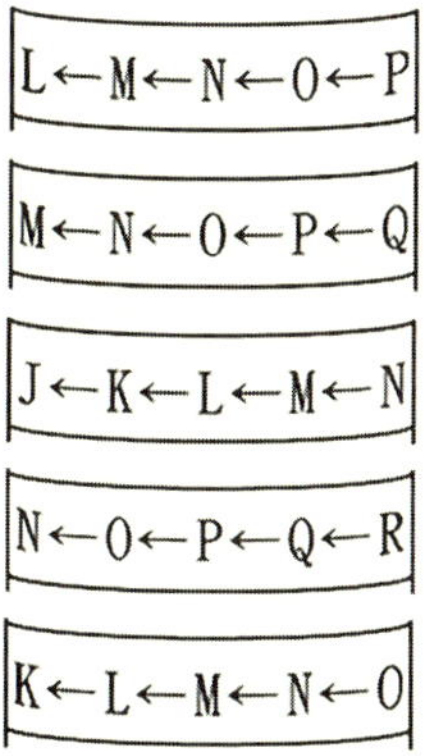

図２

行を「今」だと感じる心は、それより一つ下の行を「今」だと感じる心に繫がる。ただし、このことは、「今」が本当に下向きに動いているという（存在論的な）事実を保証せず、あくまで、各行の心から見れば、「今」はそう動いているように感じられるというだけだ。そして、その「感じ」は、各行を貫く上向きの「時間の流れ」の錯覚を生じさせる。

主人公ポールの心の諸パターンをシャッフルする実験で、ポール自身の体験は何も変化しなかった（普通に時間が流れているように感じた）という結果は、たとえ図2の世界においても、各行の心は、図1と同一の世界を思い描き、図1の各行を貫く「時間の流れ」を感じることに対応する。さらに、塵理論の検討をふまえれば、私たちはこう考えるべきだ。図1が図2にシャッフルされても図1が復元される、と言うのは不正確であり、塵の群れのなかに整合性をもった心の諸パターンが存在することが、そして、そのことのみが初めて――ゆえに復元としてではなく――図1を有意味なものにするのだと。

ヒュームの懐疑

塵理論のもとで心の諸パターンは一挙に在る、という話に戻ろう。それらは無時制的に在り、生滅の時間的順序をもたない。心の諸パターンの先後関係は、その諸パターンの整合性に則った心―依存的な構成物であるが、それこそが、「ある心にとっての時間」という賛否両論を生む仕方で、塵理論下に初めて時間なるものをもたらす。

もちろん、「ある心にとっての」といっても、たんに個人的な時間感覚であるとか、いわゆる心理的時間（物理的時間に対置された）だけが時間としてもたらされるわけではなく、通常の意味での心理的時間／物理的時間は一緒にもたらされることになる。心の諸パターンの整合的連結は、各々の心に映じた諸「世界」の整合的連結を含むのであり、繋げられた諸「世界」間に各種の法則性が見られるのは自然だ。よって、その諸「世界」間で、たとえば相対性理論が成立したからといって、そこでの時間が「ある心にとっての時間」でなくなるわけではない（あくまで塵理論を前提とした場合）。

以上は『純粋理性批判』におけるカントの議論を彷彿とさせるが、それではさらに、カントがヒュームの懐疑（と呼ばれるもののうち、因果法則の普遍性への懐疑）に対して示した議論に似たものを、ここで付け加えておこう。

まずは、懐疑の内容から――。因果法則は、過去の複数の事例のなかに見出されてきたものであり、それが未来においても成り立つ論理的な保証はない。チョークを固い床に落とすと、これまではいつもチョークが割れたが、これからもつねにそのような結果になるとは限らない。より抽象的で一般的な因果法則についても同じことが言え、こうして、因果法則の普遍性への全般的な懐疑が提出される。

しかし、塵理論のもとでは次のような応答が可能だ。整合的に繋がる心の諸パターンは、その各々に映じた諸「世界」の内容が整合性をもつことを要請する。カントならばその要請に因果法則の普遍性を含めたかもしれないし、普遍性までは求めない論者でも、大多数の因果法則の共有を、心の諸パターンが繋がるための優先度の高い条件として挙げられる（いまは詳述できないが、自然法則と、諸可能世界の類似性についてのルイスの議論(＊4)がここでは参考になる）。よって、塵理論のもたらす時間のなかで因果法則をこれからも信用することは、けっして無根拠な賭けではない。むしろ、それは賭けとして、相当に勝機のあるものだ。

（念のために記しておけば、この応答は、心の諸パターンがお互いに因果関係をもたないことと両立する。先述の通り、諸パターンに映じた諸「世界」のなかに因果法則を見出せることと、諸パターン自体がお互いに因果関係をもつことは異なる。なお、ヒュームは本当に因果についての懐疑論者だったのか(＊5)――そう語る通説は不正確ではないか――については、萬屋博喜《よろずやひろゆき》『ヒューム　因果と自然』を見られたい。）

意識なんて、どうでもよい？

本節の最後に、余談として、哲学者デイヴィッド・J・チャーマーズのある奇妙な説に触れておこう。そして、特定の視点のもと、「意識なんて、どうでもよい」と考えてみることに、一定の価値があることについても。

チャーマーズは「情報の二側面説」という萌芽的なアイデアを示したが、その過激な一バージョンによると、あらゆる情報は意識を伴う(*6)。脳やコンピュータなどがもつ複雑な情報はもちろん、サーモスタットや月面の石などがもつ、さほど複雑でない情報も、それぞれの複雑さ・単純さに見合った意識を伴うというわけだ。ここで言う「意識」とは、心の主観的な現象（たとえば「痛み」の感じそのもの）をその要素とするものであり、公共的には観察することができない。

さて、パターンとは一種の情報であるから、情報が意識を伴うとの考えは、心をパターンと見なす考えと矛盾しない。ただし、チャーマーズのこの説の異様さは、どんなに単純な情報であっても意識を伴うという点にある。これが本当だとすると、電子のように基礎的な対象にも何らかの情報が含まれている以上、世界のあらゆる構成物質はそれぞれ意識をもつことになりそうだ。

（情報の二側面説においては情報こそが基礎的存在なので、より正確には、あらゆる物質が意識をもつというより、あらゆる情報は物質／意識双方の側面をもつ、ということになる。ただし、この説は先述の通り、情報の二側面説の一つのバージョンにすぎない。）

　チャーマーズのこの説は一笑に付されることも多いが、私は次の二つの点で、そこには見るべきものがあると思う。第一に、この説では、意識なきものと意識あるものとの境界線が引かれていない。意識なきものを意識あるものに変える、魔法の杖の一振りのような条件に言及せず、シンプルで普遍的なかたちの意識の説明が目指されている。それゆえ、意識ある脳を半分に分け、さらにそれを半分に分け……、といった分割を続けたときも、あるいは、ヒトの脳から、より原始的な動物の脳へと順に目を移していったときも、ある段階で急に意識が有から無へと転化することはなく、もちろん、その転化に関する自然法則を探す必要もない。

　第二に、こちらは私の解釈であり、チャーマーズ自身はきっと好まないはずだが、チャーマーズのこの説は次の価値観の変革を可能にする。「主観的な意識の存在こそが最重要の謎と見なされつつも、科学的にはそれを扱いがたい」という隔靴《かっか》掻痒《そうよう》の現況に対し、むしろ、「意識は至るところに在る、平凡で基礎的な素材であり、重要なのは意識ではなく複雑な意識なのだ」と、探究の価値観を変えるような。このとき、たとえば、左脳と右脳の統合はいかに果たされるか——その統合によって意識はどれだけ複雑性を増すか——といった問いは、意識はなぜ在るのかという問いより重要なものとなり、むしろ、後者は真の問いではなくなる（唯物論のもとで、基礎的物質の在り方によって他の存在が説明されるとき、基礎的物質がなぜ在るのかはもはや問われないのと同様）。

本書をここまで読まれた方なら、もうお分かりだと思うのだが、私はこの価値観の変革が必須であると言いたいのではない。そうではなく、この変革に意味を与えるような視点もとりうると知ることが、心の仕組みの探究における視野狭窄の危険を減らしてくれると言いたい。自戒を込めて書いておくと、ある視野狭窄を指摘することは、それもまた典型化すると、別の視野狭窄を生んでしまう。意識の存在に秘められた謎を公衆に向かって語ることは、多くの人々の視野狭窄を指摘するうえでとても重要だが、そればかりを続けていると別の謎を見逃すことになる、というわけだ。

第3節　新たな死者としての私

時間の幅

本章では、塵理論なるものを素材として、いくつかの議論を進めてきた。塵理論自体は荒唐無稽であっても、その考察で得られた知見の一部は、現実的な場面に適用できる。しかも、この本の各所における議論と呼応するかたちで。

塵の群れとしての世界に無限の諸パターンが存在するというのは、塵理論の要《かなめ》の前提であるが、あえてこの前提は無視しよう。すると、少なくとも次の四つの前提が残されることになる。

（1）世界の実在的な要素——塵理論においては「塵」——によって構成されたパターンとして心は存在し、その構成の在り方は、主観的な「今」の心の在り方を決める。
（2）心の諸パターンの先後関係は、その諸パターンの整合性をもとに定められる。
（3）時間の流れは実在せず、心の諸パターンはいわば一挙に在る。
（4）主観的な「今」の心は、時間の流れの感じをもつ。

ここでいったん話を変えて、すぐまた、もとの話に戻ろう。世界の構成要素は物質であり、心の在り方もまた物質（とくに脳）の在り方に依存して決まる、という仮説は、「物理主義」と呼ばれるものの簡潔な一バージョンに適合する（物理主義には多様な定義があるが、ここではこだわらない）。この仮説は哲学の分野でも支配的になってきたと言えるが、未回答の問いも多く、その一つとして次が挙げられる。実際に認識される「今」、いわゆる「見かけの現在（specious present）」は二分の一秒くらいだとされることが多いが、それを捉えている心の在り方は、どれだけの時間幅をもった物質（脳）の在り方によって決まるのか。（「見かけの現在」という用語はウィリアム・ジェイムズによって広められたものであり、短い時間幅のなかにも動きの知覚を含んだ「今」を指す。）

ここで問われている時間幅が、「見かけの現在」の時間幅と一致するか否かは明らかではない。とりわけ、「見かけの現在」の時間幅を、表象された出来事の時間幅として計るなら。空間との類比を用いると、たとえば、直径一メートルの事物を表象しているのが、直径十数センチメートルの脳の状態であってもよいように、二分の一秒の出来事を表象しているのが、それより短い時間幅をもった脳の状態であってもよい、というわけだ。ここでは、経験の内容（表象内容）がもつ時間幅が、経験そのもの（表象状態としての脳状態）がもつ時間幅と区別されている。

では、この発想に基づいて、経験内容は時間幅をもつが、経験そのものは時間幅をもたないと考えてみよう。この考えは、哲学史における一部の説に合致するが、それについては『時間・自己・物語』[*7]所収の太田紘史氏の論文が分かりやすい。同論文では、その説明の図式を「ＰＳＡモデル」と呼んでいるが――ＰＳＡとはPrinciple of Simultaneous Awareness（同時的気づきの原理）の略――ＰＳＡモデルは「延長主義」と呼ばれるものと対比的に論じられてきた。

　延長主義によれば、経験内容が時間的な延長（広がり）をもつとき、経験そのものも時間的に延長しており、「その時間幅や順序といった時間的構造は両者のあいだで正確に対応している」（前掲書、五〇頁）。延長主義を物理主義にシンプルに接《つ》ぎ木した場合、ある「見かけの現在」を経験している脳の状態は、その「見かけの現在」の内容と同じ時間的延長をもつことになる。

パターンの生滅

　先記の（1）と（4）における「主観的な「今」」を「見かけの現在」に読み替えたうえで、（1）〜（4）の意義を探っていこう。このとき、（3）以外については、PSAモデルと延長主義のいずれとも両立可能であろう（両立が可能であるというのは、もちろん、両立が必須だということではない）。他方、（3）の無時制的な主張は、PSAモデルとは両立できそうだが、延長主義と両立できるかどうかは検討する余地がある。

　たとえば、延長主義の主唱者であるバリー・デイントンの議論を見よう。彼は、『ベルクソン『物質と記憶』を再起動する』(＊8)所収の論文において、無時制的な形而上学説である「永久主義」が延長主義と両立可能だと論じている。ただし、彼はそこで公平に、それらを両立不可能だと見なす対抗的な議論も取り上げており、どちらの議論が正しいかについて無理に裁定はくだしていない。

さて、少々専門的で硬い話が続いたが、注目したい問いはこうである。心がある時間幅の経験をもつとき、その心のパターン（おそらくは脳状態から成る）が無時制的に存在することは可能だろう。時間的な広がりは、時間の流れを含意しないからだ。しかし、心が時間の流れを、つまり、移り行く「今」を捉えるとき、その心のパターンが無時制的に存在することは可能か。

時間の流れが錯覚であるなら、それは可能かもしれないが、その錯覚を生成するメカニズムは解明されなければならない。時間とは何か、だけでなく、（ヒトの）心にとって時間とは何か、という問いにも向き合うとき、この解明は必須だろう。なぜなら、時間の流れの感覚は、古今東西の人間的思考の基礎となってきたものであり、それがたとえ錯覚であっても強い公共性をもつためだ。（2）における先後関係は、諸パターンの整合性をもとに定められた無時制的なものであり（塵理論を参照）、それゆえ、（4）のメカニズムを（2）のみによって説明することはできない。

これに対し、時間の流れは錯覚ではなく、実在としての世界の在り方に関わるものだとするならば、（3）の前提を外すことになる。心の諸パターンは一挙に在るのではなく、移り行く「今」に合わせて順に生滅することになる。このとき、ある心のパターンが時間の流れを感じることは、もし、それが実在的な時間の流れの認識であるなら、そのパターン自身の生滅を感じること（さらには、近過去と近未来のパターンの去来をも感じること）であるはずだ。

ここには、私を二十年くらい悩ませてきた謎がある。それは、これまでの各章でも姿を変えながら幾度か現れてきた謎だ。すなわち、「ある心のパターンがそれ自身の生滅を感じること」とは、いったい、どのようなことなのか。

もし、それが、ある心のパターンがそれ自身の生滅を感じるような心のパターンであることならば、そのパターンが実際には生滅していなかったとしても、そのパターンは自分自身の生滅を感じるだろう。他方、ある心のパターンがそれ自身の生滅を感じるような心のパターンでないなら、たとえそのパターンが実際に生滅していたとしても、そのパターンは自分自身の生滅を感じないだろう。いずれにしても、真に現在であるような「見かけの現在」の生滅は——真に現在であるものの交代は——任意の「見かけの現在」のなかで感じられる生滅と繋がっていない。

（永井均著『世界の独在論的存在構造』[*9]の第7章で明晰に述べられた「中心性と現実性の分離」の問題が、時間の動性と関わるかたちで、ここには現れていると言える。）

更新される死

　私がいずれ死ぬことを私は信じているのだが、しかし、その精確な意味を私は分かっていないようだ。私には眠りという日常的な体験があり、幸か不幸か、それを通じて私は、「見かけの現在」の認識の継起が数時間途切れることを知っている。その知識と、一種の類推の助けを借りて、それっきり戻って来られないような途切れとして死を思い描くこともできる。だが、私の知っている途切れは、必ずその途切れから戻って来られるものであり、むしろ私は、戻って来てから想像された過去の途切れについてしか知らない。「見かけの現在」の認識がいままさに途切れているとはどのようなことなのか、そして、それが永久に途切れたままであるとはどのようなことなのか、私は本当には理解できていない。

　塵理論のもとで「私」が不死であったのは、「私」の整合的な諸パターンが先後関係を意味づける以上、その先後関係をもつどの時点でも「私」は不在ではありえないからだ。とはいえ、これは「私」の謎めいた力が時間を創るといった話ではない。「「私」の整合的な諸パターン」と記したが、諸パターンの整合的な繋がりこそが持続的な「私」を構成するのであり、持続的な「私」の構成は先後関係の構成と一体である。つまり、無数の心の諸パターン（それらはいずれも自分自身の存在を認識する）のなかに整合的なある一つの繋がりが存在することが、持続的な「私」が存在し、かつ、「私」が持続する時間が存在することである。

　無数の心の諸パターンのなかには整合的な他の繋がりも複数在り、それらは持続的な「他者」と見なせる。だが、塵理論の設定上、「私」と「他者」とが因果的に交流することは不可能だ。「私」が持続する時間のなかに、この意味での「他者」はそもそも登場しない。そして、「私」が持続する時間のなかで知人Aが死ぬことは、Aという持続的な「他者」が消失することではないし、同様に、「他者」が持続する時間のなかで持続的な「私」が消失することもない。

　塵理論がおそらく成り立っていないこの現実の世界において、私はいずれ死ぬだろう。しかし、死者としての私は、いったいどんな時間のなかに在るのか。私の心は、どんな時間のなかで途切れたまま戻って来ないのか。それは、流れる時間かもしれないし、無時制的な時間かもしれない。それは、他者の時間かもしれないし[*10]、だれのものでもない時間かもしれない。

　私の死後にも時間は流れ、「今」は移り行くのだとしよう。このとき、現在の死者としての私は、刻々と、新たな死者としての私にその座を取って代わられる。もちろん、すでに消えてしまった私は、ある意味では何も変化しない。だが、私が死者であることは、私の心がいまもなお途切れていることに依拠しており、それはつまり、刻々と更新され続ける暫定的な事実である――。馬鹿げた感想を述べるなら、これは死者の在り方として、どことなく落ち着きがない。

　さて、この最終章での議論は、現実から宙に浮いていると思われた方もいるだろう。とくに、コンピュータによる心の生成などのSF的な挿話について、そう思われるのは自然なことである。だが、この議論から抽出された、死と時間の謎そのものは、挿話の設定のリアリティとは異なるリアリティをもっている。思考実験から抽出された謎が、一般的にそうであるように。

　死がどのように「今」と関わるのかは、まさに現実の問いであり、コンピュータなどない時代からずっとそのことは変わらない。この種の問いを現実から遊離していると感じる人は、日常であることを現実であることと取り違えているのかもしれない。日常もたしかに現実であり、なかでも私の日常は私にとってとても重要なものだが、それは現実のひとかけらにすぎず、他人にとっては、しばしばどうでもよいものだ。

　そしてもう一つ、死と時間、とりわけ自分自身の死と時間について、その謎にリアリティを感じない人は、自分もいずれ死ぬことを普段は忘れているのかもしれない。日常生活に邁進《まいしん》するうえで、その忘却は有益であるから——。とはいえ、筆者の実感としては、自分の死を忘れるほどに日常生活に追い立てられているときは、むしろ現実を生きている気がしない。その慌ただしい生活の場面は、リアリティに欠けた寸劇《コント》のように見える。残念ながら、寸劇《コント》の時間は、日々増え続けているのだが。

注

（＊1）グレッグ・イーガン『順列都市』上下巻、山岸真訳、ハヤカワ文庫、一九九九年。

（＊2）Moravec, H. (1996). Simulation, consciousness, existence. *Telepolis*, Published Online. 入手がやや困難だが、次の邦訳も存在する。ハンス・モラヴェック（一九九九）「シミュレーション、意識、存在」、松浦俊輔訳、『InterCommunication』二八号、NTT出版、九八—一一二頁。

（＊3）渡辺正峰『脳の意識　機械の意識——脳神経科学の挑戦』、中公新書、二〇一七年。

（＊4）Lewis, D. (1979). Counterfactual dependence and time's arrow. *Noûs*, 13 (4), 455–476.

（＊5）萬屋博喜『ヒューム　因果と自然』、勁草書房、二〇一八年。

（＊6）デイヴィッド・J・チャーマーズ『意識の諸相』上巻、太田紘史ほか訳、春秋社、二〇一六年、三一一—三四頁。

（＊7）信原幸弘（編著）『時間・自己・物語』、春秋社、二〇一七年。言及した太田論文は同書の第二章にあたるが、より正確な理解のため、佐金武氏による第一章の論文も併せて読むことをお勧めしたい。

（＊8）平井靖史＋藤田尚志＋安孫子信（編）『ベルクソン『物質と記憶』を再起動する——拡張ベルクソン主義の諸展望』、書肆心水、二〇一八年。言及したデイントン論文は、同書の第二部第三論文。

（＊9）永井均『世界の独在論的存在構造——哲学探究2』、春秋社、二〇一八年。

（＊10）他者の時間のなかで死んでいることについて、私はたとえば次の小説を想起する。川上未映子「十三月怪談」、『愛の夢とか』所収、講談社、二〇一三年。

おわりに

〈はじめに〉で述べた通り、心と時間に関する謎を描き出すことが本書の目的であった。ある道をたどるとここまでしか行けず、他の道をたどるとそこまでしか行けない――、こうした探索を繰り返すことで、未踏の地の存在が浮かび上がる。心と時間についてのさまざまな知見が、その地の輪郭を形作るわけだ。

本書は、専門的な予備知識をもたない幅広い読者に向けられているが、ひとこと打ち明けておくならば、すべての読者が提示された謎を正面から受け取るとは考えていない。それは書き手の望みすぎというものであり、とりわけ、人生を変化させるほどの強度で謎を受け取ってくれる読者は、それほど多くないだろう（ただし、私は経験上、そうした読者もいることを知っている）。

未踏の地の比喩を続ければ、おそらく読者のほとんどの方は、その地の周辺を描いた箇所を楽しく読んでくださると思う。そこでは、哲学や科学における「分かったこと」がたくさん記されているからだ。しかし、その周辺図をもとに未踏の地について熟考するのは、もともとそうした傾向性をもっていた方だけに違いない。念のために述べておけば、そうした傾向性の強弱は、いわゆる頭の良し悪しに直結しない。とくに、受験勉強ができるという意味で頭の良い人々のなかには（もちろん、その一部ではあるが）効率よく点数を取ることに異様に特化した人々もおり、学問的な謎に関する彼らの感度はけっして高くない。考えてみれば、これは奇妙ではなく、既知の道をたくさん覚えて効率よく移動できる人物が、未踏の地を調査するのに長けているとは限らないのに似ている。

本音を少し記したついでに、次のことも記しておこう。新書という本の形態は、専門化された学術の場で一段低く見られることもある。新書は入門書的な色彩が強く、学術論文のように緻密で先端的な議論を、普通は含んでいないからだ。この意味で、自著の参照文献の記載に新書を挙げることは考えがたい、という学問分野があることはよく分かる。

しかし、他方で研究者のなかには、書籍のいわば外面《そとづら》ばかりに重きを置く人々も見受けられ、彼らは自著の参照文献の記載にも――実際にはかなり参照した新書等の一般書を伏せて――見栄えの良い本を並べたがる。まずは、著名な外国人が書いたもの。海外でいま流行っているもの。日本語で書かれた本ならば、ハードカバーの厳《いか》めしいものや、いわゆる重鎮の書いたもの……。

こうした姿勢は、少なくとも哲学に関して言えば、研究者としての目利きの能力の乏しさを露呈するものだ。「参照文献」なのだから、自分が本当に参照し、そこから何かを得た本を堂々と挙げればよいのであって、とりわけ、そこから熟考すべき謎を読み取った場合はそうである。どのような形態の本であれ、未踏の地の周辺を著者自身がさまよっている本からは、そうした謎を読み取るチャンスがある。

多様な形態の本を読み、かつ書いてきた者の一人として言えば、新書からも真正の、しかもその本ならではの謎が読み取れることはあり、私自身もその意味で幾冊もの新書の恩恵を受けてきた（もちろん、自著の参照文献にも挙げてきた）。だから私は、本書もまた、そこからだれかが真正の謎を読み取れるものに成っていることを願うし、それを可能にするだけの労力をかけて本書を書いたつもりだ。

本書は、雑誌『本』での連載記事（二〇一七年六月号〜二〇一九年五月号）を加筆のうえで書籍化したものだが、編集者の米沢勇基さんには、長期間にわたってお世話になった。また、本書の特徴となっている「時間」研究への学際的な視点は、山口大学時間学研究所、日本時間学会、文部科学省科学研究費補助金・新学術領域研究「こころの時間学」および

「時間生成学」における異分野交流の経験によって、おもに得られたものである。この場を借りて、感謝を申し上げたい。

講談社現代新書　2555

心《こころ》にとって時《じ》間《かん》とは何《なに》か

二〇一九年一二月二〇日第一刷発行

著　者　青山《あおやま》拓央《たくお》

発行者　渡瀬昌彦

発行所　株式会社講談社
東京都文京区音羽二丁目一二—二一　郵便番号一一二—八〇〇一
電　話　〇三—五三九五—三五二一　編集（現代新書）
〇三—五三九五—四四一五　販売
〇三—五三九五—三六一五　業務

装幀者　中島英樹

印刷所　凸版印刷株式会社

製本所　株式会社国宝社

定価はカバーに表示してあります　Printed in Japan

N.D.C. 110　237p　18cm
ISBN978-4-06-518022-8

「講談社現代新書」の刊行にあたって

教養は万人が身をもって養い創造すべきものであって、一部の専門家の占有物として、ただ一方的に人々の手もとに配布され伝達されうるものではありません。

しかし、不幸にしてわが国の現状では、教養の重要な養いとなるべき書物は、ほとんど講壇からの天下りや単なる解説に終始し、知識技術を真剣に希求する青少年・学生・一般民衆の根本的な疑問や興味は、けっして十分に答えられ、解きほぐされ、手引きされることがありません。万人の内奥から発した真正の教養への芽ばえが、こうして放置され、むなしく滅びさる運命にゆだねられているのです。

このことは、中・高校だけで教育をおわる人々の成長をはばんでいるだけでなく、大学に進んだり、インテリと目されたりする人々の精神力の健康さえもむしばみ、わが国の文化の実質をまことに脆弱なものにしています。単なる博識以上の根強い思索力・判断力、および確かな技術にささえられた教養を必要とする日本の将来にとって、これは真剣に憂慮されなければならない事態であるといわなければなりません。

わたしたちの「講談社現代新書」は、この事態の克服を意図して計画されたものです。これによってわたしたちは、講壇からの天下りでもなく、単なる解説書でもない、もっぱら万人の魂に生ずる初発的かつ根本的な問題をとらえ、掘り起こし、手引きし、しかも最新の知識への展望を万人に確立させる書物を、新しく世の中に送り出したいと念願しています。

わたしたちは、創業以来民衆を対象とする啓蒙の仕事に専心してきた講談社にとって、これこそもっともふさわしい課題であり、伝統ある出版社としての義務でもあると考えているのです。

一九六四年四月　野間省一